DER GAUL MACHT NICHT MIT!

DER GAUL MACHT NICHT MIT!
VON PROBLEMEN UND LÖSUNGEN

von Marie-Luise von der Sode

Copyright © 1998 by Cadmos Verlag GmbH
Gestaltung: Ravenstein Brain Pool
Titelfoto: Struewer
Druck: Westermann, Zwickau
Alle Rechte vorbehalten. Abdrucke oder
Speicherung in elektronischen Medien nur nach
schriftlicher Genehmigung durch den Verlag.
Printed in Germany

ISBN 3-86127-505-8

INHALT

Seite	Der Gaul ...	*Checkliste*

I. ... steigt

9	Allgemeines	
	Profitip:	
10	- beim Aufsitzen	ja ☐ nein ☐
10	- beim Treiben	ja ☐ nein ☐
11	- ohne Vorwarnung	ja ☐ nein ☐
12	- wenn er sich erschreckt	ja ☐ nein ☐
13	- Er steigt mich an	ja ☐ nein ☐
14	- Er ist als Steiger bekannt	ja ☐ nein ☐

II. ... humpelt

14	Allgemeines	
	Profitip:	
15	- Er ist ein Simulant	ja ☐ nein ☐
15	- Er ist zügellahm	ja ☐ nein ☐
16	- ... aus dem Huf	ja ☐ nein ☐
18	- Er hat Arthrosen	ja ☐ nein ☐

III. ... beißt

20	Allgemeines	
	Profitip:	
20	- Er wurde allein aufgezogen	ja ☐ nein ☐
21	- Er wurde zu früh abgesetzt	ja ☐ nein ☐
22	- Beißen als Folge von Mißhandlungen und Frustration	ja ☐ nein ☐
22	- bei der Fütterung	ja ☐ nein ☐
23	- Er beißt andere Pferde	ja ☐ nein ☐
24	- Er beißt Kinder	ja ☐ nein ☐

IV. ... hat Sattelzwang

25	Allgemeines	
	Profitip:	
25	- Kennen Sie die Perspektiven der Sattelanpassung?	ja ☐ nein ☐
26	- Unterstützt der Sattel den ausbalancierten Grundsitz?	ja ☐ nein ☐
27	- Hat Ihr Pferd Gurtenzwang?	ja ☐ nein ☐
28	- Kennen Sie die Sattelroutine Ihres Pferdes?	ja ☐ nein ☐

V. ... hat Kummer

29	Allgemeines	
	Profitip:	
31	- Kummer als Leitsymptom	ja ☐ nein ☐
31	- tränendes Auge	ja ☑ nein ☐
32	- Ekzem	ja ☐ nein ☐
33	- Aggressivität	ja ☐ nein ☐
34	- Koliken	ja ☐ nein ☐
35	- mangelnder Gesundungswille	ja ☐ nein ☐

VI. ... buckelt / bockt

36	Allgemeines	
	Profitip:	
37	- beim Anreiten	ja ☐ nein ☐
38	- nach Erschrecken	ja ☐ nein ☐
39	- bei Rückenschmerzen	ja ☐ nein ☐
40	- durch falsche Haltung und Fütterung	ja ☐ nein ☐
40	- durch falschen Trainingsaufbau	ja ☐ nein ☐
41	- Buckeln - schön, sinnvoll, angenehm	ja ☐ nein ☐

VII. ... geht durch

43	Allgemeines	
	Profitip:	

43	- wegen mangelnder Grundausbildung	ja ☐	nein ☐
46	- wegen eines schlechten Körperbildes	ja ☐	nein ☐
47	- als Fluchtverhalten	ja ☑	nein ☐
48	- aus Angst vor dem Reiter	ja ☐	nein ☐
50	- aus reinem Quatsch	ja ☐	nein ☐

VIII. ... schlägt aus

| 51 | Allgemeines | | |

Profitip:

52	- Fohlenreflex	ja ☐	nein ☐
53	- Schlagen aus Futterneid	ja ☐	nein ☐
54	- aus Kitzligkeit	ja ☐	nein ☐
55	- Ausschlagen unter dem Sattel	ja ☐	nein ☐
57	- beim Schmied	ja ☐	nein ☐

IX. ... schlägt mit dem Kopf

| 58 | Allgemeines | | |

Profitip:

58	- „Headshaking"	ja ☐	nein ☐
59	- aus dem Hals-Nacken-Bereich	ja ☐	nein ☐
61	- aus dem Rücken	ja ☐	nein ☐
62	- wegen schwacher Gelenke	ja ☐	nein ☐
62	- wegen fehlerhafter reiterlicher Einwirkung	ja ☐	nein ☐

X. ... scheut

| 64 | Allgemeines | | |

Profitip:

65	- an der Hand	ja ☐	nein ☐
67	- vor Wasser	ja ☐	nein ☐
69	- beim Springen	ja ☐	nein ☐
71	- aus Irrationalität	ja ☐	nein ☐
72	- an fremden Plätzen	ja ☐	nein ☐
73	- vor anderen Pferden	ja ☐	nein ☐
74	- Dem Scheuen vorbeugen		

| 76 | **Schlußwort** | | |

VORWORT

„Der Gaul macht nicht mit," – so spricht der Reiter und wundert sich.

Jedoch – jedes Problem hat seine Entstehungsgeschichte, seinen Werdegang und häufig können Lösungen angeboten werden.

Faustregel 1: Ein Problem zu lösen braucht eben so viel Zeit wie es zur Enstehung benötigt hat.

Faustregel 2: Sie sind Master on the Stage d.h. Sie sind ganz allein der verantwortlich Handelnde. Die Lösung eines Problems läßt sich nicht delegieren.

Was können Sie tun?

Hören Sie auf den Rat derjenigen Pferdeleute, deren Pferde – mitmachen – in Ihrem Sinne, für den Zweck, den Sie gerne verwirklichen würden. Schauen Sie zu, wie solche Reiter mit Ihren Pferden im Frieden und im Zorn umgehen und einig werden.

Erweitern Sie auf dem Pferd und unabhängig vom Pferd Ihre Körperwahrnehmung und Ihre bewußte Aufmerksamkeit für Handlungen und Stimmungen, die Sie nur so ähnlich ausführen, wie Sie sie eigentlich ganz gerne transportiert hätten.

Vielleicht sind Sie ein Teil des Problems und können jetzt dadurch auch ein Teil der Lösung sein.

Schielen Sie nicht nach Fehlerlosigkeit und nach Vollkommenheit. Lassen Sie den Gesamteidruck gewinnen, den wesenhaften Ausdruck, in dem Schwächen auch ihren Platz in der Begegnung haben dürfen.

Achten Sie auf Sicherheit, indem Sie zwischen Anreiz und Überforderung für sich und Ihr Pferd abwägen.

Lesen Sie dieses Buch in aller Ruhe, denn: Meine Pferde sind zufrieden, ausbalanciert und leistungsbereit. Sie machen mit.

Marie-Luise v.d. Sode

I. STEIGEN

Der Gaul steigt

Steigen ist beim freilebenden Pferd die Ausdrucksform für Drohen, Imponieren, Angreifen und Vernichten. Im hengstigen Spiel häufig eingeübt, ist es dagegen keine Spielvariante der jungen Stütchen. Wenn also Stuten steigen, ist es am ehesten als ein Ausdruck von Not und Abwehr einzuschätzen.

Wir Reiter und auch nicht reitende Menschen sind entsprechend vom Anblick des steigenden Pferdes beeindruckt. In jeder Zirkus- oder Pferdeschau sind auf Kommando steigende Pferde ein mit Tusch unterlegter Höhepunkt. Wir bedienen uns dieser großartigen Impression in Tierfilmen, in denen (sprechende) Pferde uns retten, verteidigen oder begrüßen, während sie kraftvoll steigen.

Beim täglichen Reiten ist das steigende Pferd eher unpraktisch. Es zeigt nachhaltig seine Widersetzlichkeit, stört die mitreitende Gruppe, da es sich deren Rhythmus und Energiefluß nicht anpaßt. Außerdem läuft der nicht so sitzfeste Reiter Gefahr, aus ziemlich schwindelerregender Höhe rückwärts abzustürzen. Zusätzlich hält sich der Reiter dann häufig am Zügel fest, wodurch das Problem noch verstärkt wird. Der sitzfeste Reiter läuft Gefahr, gemeinsam mit dem Pferd nach hinten zu stürzen, sich also zu überschlagen und dabei teilweise unter dem Pferd begraben zu werden.

Kurzum, das steigende Pferd hat eine für den Reiter wenig angenehme Lösungsmöglichkeit für sein Problem gefunden. Es handelt sich hierbei um

ein Problem, das leicht chronisch wird. Die Pferde schalten häufig und länger ihre Fähigkeit ab, zuzuhören und mitzudenken.

Ich würde meiner jetzt achtjährigen Tochter kein Pony kaufen und mir auch keines schenken lassen, das steigt. Als Showeffekt bringe ich das Steigen nur den Turnierponys bei, die von puppenlustigen und reiterfahrenen Kindern ab 12 Jahren geritten werden.

Ein Warmblüter, der steigt, sollte nur in Profihand vermittelt werden, bzw. in eine sehr intensive Einzelbeziehung zu einem sehr engagierten Pferdebesitzer. Trotz alledem, auch das Problem des Steigens ist häufig auf dem Ausbildungsweg entstanden und kann oft durch „Nachsitzen" aufgelöst werden. Kommt das Pferd jedoch in falsche Hände, handelt es sich hier um eine Gewohnheit, die das Pferd schnell wieder annimmt.

Keck reitende Jugendliche ab zwölf Jahren bringen ihrem Pony das Steigen bei. Hier Sandra mit „Jipsy". Foto: Klockmann

Profitip:

1. Mein Pferd steigt beim Aufsitzen!
a) Überprüfen Sie das kleine ABC des Sattelns, wie es in Kapitel 4 beschrieben wird. Die Vermutung liegt nahe, daß Ihr Pferd Sattelzwang hat.

b) Überprüfen Sie, ob Ihrem Pferd im Moment der Ruhe des Aufsitzens klar wird, daß es in seiner Raumwahrnehmung nicht gefestigt ist. Stuft es beispielsweise Gegenstände und Handlungen und Sie als Reiter über ihm und rechts von ihm als fremd und gefährlich ein? Da beim Aufsitzen die Vorwärtsbewegung aufgehalten wird, löst das Pferd seine Angst und Unruhe nach rückwärts / aufwärts auf.

Arbeiten Sie also viel von rechts, und schauen Sie, ob Ihr Pferd Sie an der rechten Körperhälfte spürt und wahrnimmt. Und zwar „nah dran" und auch aus allen Distanzen. Beschäftigen Sie sich mit dem Pferd von einem Aufsitzblock aus, in der Perspektive über ihm.

Führen Sie eine Gerte über das Pferd, führen Sie es unter einer Stange oder Leine hindurch und ähnliches. Machen Sie sich klar, daß Ihr hoher Rücken und Ihre Handbewegungen über dem Pferderücken Angst auslösen können, sowie Ihr rechtes Bein auf der meist weniger gearbeiteten rechten Körperhälfte.

Da das Pferd beim Aufsitzen nicht nach vorn weglaufen soll, möchte es buchstäblich in die Luft gehen.

2. Mein Pferd steigt, wenn ich schneller reiten will!
Hier würde ich überprüfen, ob das Pferd die vortreibenden Hilfen überhaupt verstanden und gelernt hat, oder ob es in Wahrheit nur rät, was zu tun ist. Durch dieses Raten wird es natürlich verunsichert und geht, je nach Veranlagung, eben vorn hoch.

An der Longe, bei der Handarbeit, bei der Bodenarbeit ohne Reiter: Beobachten Sie die Reaktion auf Ihre vortreibenden Hilfen, den Peitschenschlag aufwärts, das Stimmkommando, den munteren Tonfall, die rhythmisch touchierende Gertenhilfe an den Flanken oder an der Kruppe des Pferdes. Geht das Pferd verzögert los? Unsicher? Zu hastig mit verflachtem Atem? Halten Sie das Pferd gelassen an und wiederholen Sie die vortreibenden Hilfen ruhig, klar und freundlich. Reagiert Ihr Pferd in der gewünschten Weise, loben Sie es mit der Stimme und beruhigen Sie es durch Ihre Zustimmung.

Wenn das Pferd die vortreibenden Hilfen ohne Reiter nachgelernt hat, sollten Sie darauf achten, daß der Reiter erkennbar ähnliche vortreibende

Unter einer Plane durchzureiten, bringt eine erweiterte Raumorientierung für Pferd und Reiter. Foto: E. Winkler

Gesten und Stimmhilfen gibt und Sie diese vom Boden aus verstärken. Im Normalfall wird Ihr Pferd mit den gelernten vortreibenden Hilfen gern und willig voranlaufen.

3. Mein Pferd steigt ohne Vorwarnung mitten im Reitunterricht!
Neben den vorangegangenen Themen würde ich hier drei Dinge vorrangig überprüfen:

a) Sind Sie vielleicht ein Reiter, der immer in der Halle reitet und dann immer zu lange? Täglich in der Halle zu kreiseln, ist für alle Pferde sehr anstrengend. Durch die reizarme Umgebung konzentriert sich die Wahrnehmung des Pferdes auf wenige Punkte. Das ständige Abwenden des Pferdes und die reduzierte Möglichkeit zum Geradeausgehen ermüden das Pferd schneller. Profireiter auf Weltniveau reiten ihre Pferde 20 bis 30 Minuten in der Halle und schicken sie ansonsten ins Gelände. Im Schritt am hingegebenen Zügel, wenn sie artig sind, und sonst im energischen „Geländetrab".

b) Kann es sein, daß Sie beim Reiten häufig die Balance verlieren und sich dann etwas am Zügel festhalten? Oder in Ihrem Bestreben, das Pferd an den Zügel zu stellen oder zu lenken, etwas zuviel Zügel im Einsatz ist? Das kommt häufiger vor, als den Pferden lieb ist. Manche Pferde sind empfindlicher und nehmen Fehler übler als andere. Lernen Sie den zügelunabhängigen Sitz bei Sitzübungen an der Longe oder beim Reiten mit Halsring in einem eingefriedeten Areal. Lernen Sie, „wenden" und „an den Zügel stellen" aus

Fohlen suchen Freunde zum Spielen. Foto: T. Jacobi

dem Sitz des Reiters und weniger aus der Hand zu veranlassen.

c) Probiert Ihr Pferd Sie aus? Für jedes Pferd kommt die Stunde, in der es seinen Reiter fragt: „Wer ist hier der Boß? Wer reitet hier mit wem?"

Je nach Veranlagung droht es dem Reiter, indem es das Genick nach hinten zieht und sich auf der Vorhand leichtmacht. Wenn Sie an dieser Stelle nicht verunsichert reagieren, haben Sie noch sehr gute Chancen, die Andeutung des aufkommenden Problems aus der Welt zu schaffen. Reiten Sie Ihr Pferd freundlich, aber deutlich nach vorne und voran, während Sie im Zügel leicht werden. Dann an die seitwärts treibenden Hilfen, dann nach rückwärts und schließlich wieder leger voran. Beenden Sie dann die Arbeit. Merken Sie sich die Stelle, an der das Problem aufgetreten ist. Wenn Sie an sich Angstgefühle oder Verunsicherung gegenüber dem Pferd bemerken, sollten Sie die Klärung des Standpunkts

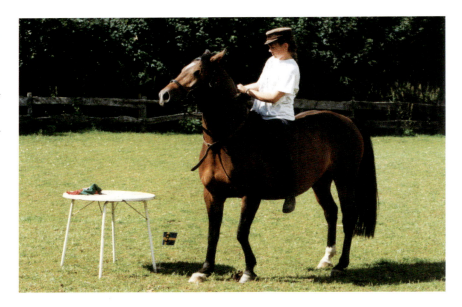

Hier wird in einem Spielewettbewerb das Genick des Pferdes nach oben und nach hinten geholt. Achten Sie im Training auf den Ausgleich in die Dehnung. Foto: C. Nixdorf

„Wer ist hier der Boß" erst einmal delegieren. Geben Sie Ihr Pferd in einen sogenannten Korrekturberitt. Ein- bis zweimal oder aber kontinuierlich ein- bis zweimal wöchentlich. Arbeiten Sie parallel dazu selber an der Korrektur Ihrer Sitz- und Handkoordination auf einem verläßlichen Pferd.

4. Mein Pferd steigt nur, wenn es sich erschreckt!

Häufig haben Pferde, die nach einem Erschrecken anfangen zu steigen, muskuläre Verspannungen oder ein Verschleißproblem im Körper. Dadurch zeigen sie eine insgesamt wenig losgelassene und entspannte körperliche und seelische Haltung. Es ist vielmehr so, daß sie sich körperlich unwohl und unsicher fühlen und daher nicht stark und präsent sind.

Gleichzeitig verspannen sie sich in ihrem Erschrecken zusätzlich und beginnen, noch mehr zu zerren und sich selber weh zu tun. Davor erschrecken sie dann gleich noch einmal. Ein solches Pferd ist sofort und sehr schnell überfordert und sieht seinen einzigen Ausweg darin, abzuheben.

Jetzt haben Sie ein arbeitsintensives und teures Pferd! Ihr Pferd braucht Feldenkraisarbeit, Akupunktur, Massagen, Fangopackungen und viel Liebe. Es braucht eine artgerechte Haltung und den Beginn des Trainingsweges *ganz* von vorn.

Mit der Arbeit ohne Reitergewicht auf Losgelassenheit hin und dem allmählichen Aufbau neuer, belastbarer Muskulatur.

Es gibt einen Trost: Beim Ankauf des Pferdes bzw. bei der Auswahl des Bereiters hätte man das Problem erkennen können. Erweitern Sie also den Gesundheitscheck beim Kauf Ihres neuen Pferdes um eine Verspannungsuntersuchung. Und nehmen Sie Abstand vom Kauf eines solchen Pferdes, wenn Sie sich den extra langen Ausbildungsweg nicht zumuten wollen.

5. Mein Pferd steigt mich an!

Ist es Ihnen schon passiert? Während Sie Ihr Pferd führen, klettert es Ihnen praktisch von hinten den Rücken hoch. Sie lassen es frei laufen, oder es ist an der Freilonge (unausgebunden also). Es kommt auf Sie zu und steigt Sie an. Es spielt mit Ihnen und weicht Ihren (weg-) treibenden Hilfen nicht aus. Hier handelt es sich nicht nur um herausragende Frechheiten. Hier entsteht eine gefährliche Situation! Zu leicht kann das Pferd Sie anrempeln und mit seinen Hufen ernsthaft verletzen. In bezug auf Reifung und Entwicklung handelt es sich hier um ein nicht zur Genüge erledigtes Spektrum sozialer Handlungen aus der Fohlenzeit. Heranwachsende Fohlen und Jungpferde, häufig noch bis zum 10. Lebensjahr, müssen im Freilauf und auf der Weide sommers wie winters viel spielen können und gleichzeitig ihren Rang in der Herde klären. Wer weniger stark ist, wer weniger lang durchhält, weicht aus und gibt den Raum frei.

Die Beziehung zum Menschen läßt sich in solcher Weise nicht klären. Ein artgerecht, in einer großen Herde aufgewachsenes Pferd bringt dem Menschen Furcht, Achtung und Neugier entgegen. Das handzahme - und im Verlauf weiterer Ausbildung reiterfromme Pferd entwickelt dazu noch Vertrauen. Viele kleine Zuchten hinter dem Haus geben ihren Pferden nicht diese artgerechten Aufzucht- und Haltungsbedingungen. Der Mensch wird anstelle der Artgenossen als sozialer Ersatzpartner angenommen. Statt Furcht und Respekt bringt das Pferd dem Menschen jetzt eine Mischung aus Spielwillen und aggressiver Enttäuschung entgegen. Daraus resultiert meist das Ansteigen.

Ein Ausflug zu Pferde bringt Freude und Losgelassenheit.
Foto: B. Albrecht

Was können Sie also tun?

Erkundigen Sie sich nach der Herkunft Ihres Pferdes und vermeiden Sie den Kauf eines Pferdes, das allein oder nur gemeinsam mit älteren Pferden aufgewachsen ist. Geben Sie solchen Pferden kein Futter bei der Arbeit und achten Sie darauf, daß Ihre Taschen entsprechend leer sind.

Nehmen Sie immer eine ausreichend lange Gerte mit, wenn Sie mit diesem Pferd umgehen - auch auf der Weide.

Arbeiten Sie viel vom Sattel und weniger vom Boden aus. Dort oben haben Sie die bessere Position. Machen Sie Körperarbeit mit Ihrem Pferd, während es sich kontrolliert und ruhig verhalten muß (15 bis 45 Minuten Fango, Massage, Shiatsu, Reiki, Feldenkrais).

Durch mangelnde Berührung mit anderen Pferden hat Ihr Pferd verlernt, sich zu spüren und möchte dies bei Ihnen nachholen. Lernen Sie mit Ihrem Pferd das Fahren vom Boden und die

Arbeit an der Doppellonge, damit Sie aus dem Vorhandbereich herauskommen. Seien Sie stets achtsam!

6. Mein Pferd ist als Steiger bekannt!

Ihr Pferd steigt bei jeder Gelegenheit, und Sie haben alle vorher genannten Punkte durchgecheckt. Sie schließen eine nicht artgerechte Aufzucht und Haltung oder eine Wahrnehmungsstörung als Ursache aus. Desgleichen eine Überforderung des Pferdes oder zu schlechten Sitz und Einwirkung des Reiters.

Dann haben Sie hier ein zur Zeit oder dauerhaft nicht reittaugliches Pferd. Es liegen entweder medizinische oder psychologische Sperren zur Reiteignung hin vor. Das Pferd kann und/oder will nicht geritten werden. Beides führt in dieselbe Sackgasse. Das Pferd verschleißt sich im Widerstand und gefährdet Ihr Leben. Gewähren Sie Ihrem Pferd Rekonvaleszenz. Stellen Sie das Reiten und häufig auch das Longieren ein.

II. HUMPELN

Der Gaul humpelt

Humpeln als Ausdruck von Problemen körperlicher oder seelischer Art - so etwas gibt es.

Ich spreche hier nicht von einem Trauma, verursacht durch einen Schlag, einen Unfall o.ä. Die Rede ist auch *nicht* von einer punktuellen Überlastung des Sehnenapparates oder Skelettes, die etwa durch einen überlangen Transport ausgelöst wurde oder durch einen Marathon im Pferdehochleistungssport, bei dem das Pferd nach tagelanger Reise ins Ausland im Trab- oder Galopprennen oder auf mehrtägigen Turnierveranstaltungen startet. Hier braucht der Organismus zur Unterstützung des Heilungsprozesses Rekonvaleszenz und die Tiermedizin.

Mein Augenmerk gilt dem *normal* belasteten Pferd, das müde vor sich hin humpelt oder ungleich läuft. In der Statistik der Versicherungen liegt die

Im Wasser wird Ihr Pferd gelenkschonend trainiert. Foto: C. Nixdorf

Lebenserwartung des versicherten Pferdes bei durchschnittlich 8 Jahren, wobei ca. 70 Prozent der dauerhaften Schäden aus dem Bewegungsapparat kommen. Bei einer eigentlichen Lebenserwartung von 30 bis 50 Jahren ist dieser Verschleiß einseitig, und diese Pferde sterben zu jung. Mir haben demgegenüber die Pferde in meiner Herde gezeigt, daß sie mit ca. 20 Jahren aus dem athletischen Reiten genommen werden wollen und mit 25 bis 30 Jahren nur noch eine extrem leichte Belastung, z. B. durch kleinere Kinder wünschen.

Nehmen wir einmal als Denkmodell an, daß viele Pferde (und auch Menschen) ihre Verknöcherungen selber produzieren oder durch die von uns aufgezwungene Lebens- und Reitweise nicht anders können, als zu verkalken.

Was für eine intelligente und verantwortungsvolle Aufgabe wäre es dann, diesen Prozeß umzukehren!

Erschreckend ist, wieviele Reiter vom Reitgefühl und vom Augenmaß her gar nicht wahrnehmen, daß ihr Pferd eigentlich lahm ist. Überrascht stehen sie dann eines Tages vor der Endzeitdiagnose des Tierarztes. Ein chronisch lahmendes Pferd kann häufig sogar geritten werden. Es stellt Sie jedoch vor die konkrete Frage: wie? Ich wünsche mir, daß beginnende Lahmheiten der Reitpferde und auch Jungpferde nicht einfach nur als Schicksalsschlag hingenommen und Spritzen, Brennen und Einreiben nicht das Lösungsmodell werden.

Machen Sie Ihren Kopf frei für moderne und zugleich uralte überlieferte ganzheitliche Einsichten und Ansichten. Lernen Sie sehen, fühlen und fassen Sie den Mut, selber zu handeln.

In Trainingsintervallen können Sie die Oberlinie Ihres Pferdes immer wieder abdehnen. Foto: Hipp

Profitip:

1. Der Simulant

Die vergnüglichste und harmloseste Art, beim Reiten zu humpeln, liefert uns der Simulant. Wenn er beim Reiten müde wird oder die Belastung als zu einseitig erlebt, zieht er vorsichtig einen Fuß hoch oder nach. Wenn ihm das Reiten Spaß macht, etwa nach Musik oder bei Wettspielen, ist davon nichts zu sehen. Freuen Sie sich an seinem Schauspieltalent. Seien Sie vorsichtig und nachsichtig. Den Simulanten können Sie weiter reiten, bleiben Sie mit ihm im Gespräch und überdenken Sie Ihren Trainingsplan, damit Sie beide in der Zusammenarbeit lustig und elastisch bleiben.

2. Zügellahm

Eine verbreitete und unangenehme Eigenart des Humpelns beim Reiten ist die Zügellahmheit. Hierbei weicht das Pferd entweder ab von seiner normalen Fußfolge im Schritt in den Kamelgang, den sogenannten Paß. Oder es tritt vorne in den „einen kurz -

*Ein altes Pferd sollte spaßorientiert und unter leichter Belastung eingesetzt werden.
Foto: Dostall*

einen lang" - Schritt, macht also einen stelzenden und einen stützenden Antritt.

Hier liegt ein konkreter Ausbildungsfehler vor. Entweder beim Ausbinden an der klassischen Longe oder aus der Zügelhand des Reiters sowie von seinem Sitz her. Achten Sie darauf, daß Sie das Pferd erst an der Longe ausbinden, wenn es rhythmisch läuft, sich in der Oberlinie dehnt und sich recht harmonisch auf die Kreislinie einstellt.

Zusätzlich sollte Ihren vor- und seitwärtstreibenden Hilfen eine Ankündigung vorausgehen - eine Bewegung, ein Zeichen aus Ihrem Körper oder mit der Peitsche oder ein Stimmkommando wie z. B. „Und jetzt!", „Galopp!"

Häufig rührt die Zügellahmheit von den Zügelhilfen des Reiters her. Dabei ist dann der Zügel im Verhältnis zum Gangmaß und Raumgriff des Pferdes zu kurz.

Als Faustregel gilt: Der Schritt braucht den meisten Platz am Zügel, der Trab durch seine schwunghafte hohe Bewegung den wenigsten. Das Zügelmaß im Galopp rangiert irgendwo dazwischen. Achten Sie darauf, daß

Sie einen extra langen Zügel kaufen, um das Zügelmaß überhaupt variieren zu können.

Der Einsatz, der Gebrauch der Zügel wird häufig durch die aus dem Reitunterricht falsch angeleitete halbe oder ganze Parade verdorben. Meine Reitschüler lernen daher diese Paraden nicht.

Stellen Sie sich vor, der Zügel bildet die aufhaltende und aushaltende Grenze nach vorn, gegen die Sie die Hinterhand schieben bzw. abfragen. Oberste Priorität haben dabei die Natürlichkeit, der Raumgriff, die Taktreinheit und die Elastizität der Grundgangarten, in die Sie die sogenannten Paraden eingeben.

Ich lehre meine Reitschüler die Überwindung des Haltereflexes und die nach vorne ausführende Reiterhand.

Des weiteren lehre ich die Notparade, bei der eine Hand auf der Schulter des Pferdes festgestellt wird, während sie mit der anderen Hand kraftvoll aus dem Ellbogen heraus annehmen und nachgeben.

So können sie im Notfall ein davonstürmendes oder ungehorsames Pferd anhalten. Dadurch gewinnen sie ein sicheres Gefühl und können sich ansonsten um eine feine Handeinwirkung bemühen.

3. Aus dem Huf

Die Basis des Gleichgewichts ist der Kontakt der Füße zum Boden. Das gilt für den Menschen und insbesondere auch für das Bewegungs- und Fluchttier Pferd. In unserer Reitkultur schränken wir den Gebrauch der Hufe in mehrfacher Hinsicht ein und lassen das Pferd dadurch wesentlich verkümmern.

*Catherine gibt eine gelungene Vorstellung der nach vorne ausfühlenden Reiterhand.
Foto: C. Nixdorf*

a) Die immer noch weit verbreitete Boxenhaltung mit wenig Auslaufmöglichkeit ist wider die Natur des Pferdes. Es befindet sich nur ca. zwei Stunden pro Tag im Tiefschlaf. Den Rest der Zeit möchte und muß es schlendern und wandern, spielen und dösen. Nur so kann sich gut belastbares Hufhorn bilden und der Huf sich auch auf verschiedene Böden einstellen; sich darauf abnutzen und durch die Abnutzung angeregt gut nachwachsen.

b) Der Beschlag sowohl mit Eisen als auch mit Kunststoff ist ebenfalls unnatürlich und vom Hufmechanismus her mehr als ungesund.

Meine Pferde sind allesamt unbeschlagen, bei einer leichten und gleichmäßigen Belastung auf Gras, Sand, Asphalt, Matsch und Lehm. In meiner Herde sind schwere Holsteiner und Fjordpferde und auch Shettys, die vor der Kutsche laufen.

Da sich der beschlagene Huf des Pferdes beim Auffußen nur minimal bis gar nicht weiten und absenken kann, entsteht ein Rückstoß vom Bewegungsablauf in den Bewegungsapparat des Pferdes hinein, der in hohem Maße unelastisch und daher ungesund ist.

Ihr Pferd sollte - wenn überhaupt - die kürzeste Zeit seines Lebens beschlagen sein. Ich habe Zuchtstuten auf der Weide gesehen, die ihren Sommer dort beschlagen verbrachten.

Und viele, viele Freizeit- und Breitensportpferde, deren Beschlag sich durch nichts, außer der Uninformiertheit der Pferdebesitzer, begründen ließ.

Bei sachgerechter Vorgehensweise können Sie das Geld für den Beschlag und viele Folgekosten beim Tierarzt sparen.

c) Jedoch: Gerade auch der unbeschlagene Huf braucht aufgrund der Belastung durch das Reiten eine entsprechende sachgerechte Pflege.

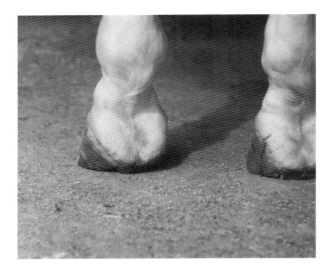

Ballenzwang durch orthopädischen Beschlag nach der Hufrollenentzündung. Beachten Sie auch die Schwellungen an der Fessel. Foto: R. Kröncke

Ein Jahr nach Abnahme der Eisen und Hufbearbeitung nach Dr. Strasser - die Ballen sind geweitet. Foto: R. Kröncke

Hier möchte ich besonders auf die Tübinger Tierärztin Dr. Hiltrud Strasser hinweisen. Anhand von Beobachtung, Forschung und Erprobung hat sie herausgefunden, daß jedes Pferd am gesündesten, langlebigsten und besten läuft, wenn die Trachten und Eckstreben gekürzt und die Sohle elastisch gehalten wird. Zur Pflege gehört die Belastung der Hufe im Offenstall und beim Reiten auf verschiedenartigen Böden, sowie die vom Pferdebesitzer selbst erlernte Hufpflege, die wöchentlich bzw. im Vier-Wochen-Turnus durchgeführt wird.

Die Hälfte meiner Pferdeherde wird von einer Hufpflegerin ausgewerkt. Hierbei ist auf eine differenzierte, dem Pferd entsprechende Vorgehensweise größter Wert zu legen. Die anderen zehn Pferde werden konservativ ausgewerkt - aus Kostengründen. Hier achte ich darauf, daß sich die Hufe nicht nach und nach verengen. Wenn ein Pferd anfinge zu lahmen, käme es in die differenzierte, dem Pferd angepaßte Hufbearbeitung nach Dr. Strasser. Auch mein konventionell ausgebildeter Hufschmied ist immer ein Pferdekenner mit sehr viel Berufserfahrung.

4. Arthrosen

Arthrosen sind häufig die Ursache dafür, daß Ihr Pferd lahmt. Auch ich war zu Beginn meiner Profilaufbahn erschrocken, wenn der Tierarzt z. B. über eine Röntgendiagnose Arthrosen beim Pferd aufdeckte. Aus dem Blickwinkel der ganzheitlichen Medizin betrachtet, haben Verknöcherungen und Verkalkungen ihren Entstehungsprozeß bereits hinter sich. An der Stelle hätte man also frühzeitig einhaken und reagieren können. Außerdem gibt es Pferdetypen, die verstärkt dazu neigen. Sie können lernen, diese zu erkennen.

Zusätzlich wissen wir: Wenn wir die Zeit und die Power hatten, einen Krankheitsverlauf zu pushen, dann können wir denselben Elan auch darauf verwenden, diesen Weg in einen Gesundungsprozeß umzubauen. Sie brauchen dazu nur das nötige Knowhow, häufig kann es Ihnen dann gelingen.

Grundsätzlich gilt:

a) Reiten Sie Ihr verknöchertes Pferd, auch dann, wenn es manchmal stark lahmt. Es zeigt Ihnen im Augen- und Ohrenspiel, wieviel es geritten werden möchte und verträgt. Richten Sie sich danach.

b) Achten Sie darauf, ob Ihr Pferd eine gute Atemtechnik hat. Und wie steht es mit Ihrer eigenen Atmung? Eine zu allen Bewegungsabläufen hin koordinierte Atmung ist wichtig für die Freiheit der Gelenke.

c) Halten Sie Ihr Pferd so, daß es täglich in einen trockenen und warmen Bereich gelangt. Im Offenstall sollte der Unterstand genügend groß und mit sauberem Stroh gegen die Kälte von unten eingestreut sein. Bei einem robusten, gesunden Pferd brauchen Sie den Offenstall mit Naturboden dementsprechend nicht einzustreuen. Wenn möglich, können Sie Ihrem Pferd täglich 20 Minuten Infrarotlicht und Solarium verschaffen, die über seinen Hals und Rücken strahlen. Verschaffen Sie ihm heiße Massagen mit Hotpacks (heiße gewickelte Handtücher oder im Fachhandel erhältliche Gelpads).

d) Fördern Sie die Elastizität des Arthrosepferdes: Sinnvollerweise sollte es darauf umgeschult werden, ohne Eisen zu laufen.

Suchen Sie Ihrem Pferd ein Trainingsgebiß aus, das es leicht und gern annehmen kann, auf dem es eher abkaut und den Hals fallen läßt, z. B. Pelham, Springkandare, TTEAM-Trainingsgebiß oder blanke Stange. Wechseln Sie diese scharfen Gebisse immer ab mit gebißfreiem Reiten im gesicherten Areal mit Lindel, Bosal, Halfter, Merothischer Zäumung oder Halsring.

e) Öffnen Sie Ihren Sitz. Klemmen Sie nicht mit den Oberschenkeln oder Unterschenkeln am Pferd. Halten Sie sich im Becken und in den Hüftgelenken beweglich und elastisch beim Reiten. Eine festgestellte Mittelpositur verbremst Ihr Pferd. Es mag nicht locker dagegen anlaufen.

f) Achten Sie auf ausgeglichene Fütterung mit gutem Heu und *nur* dem Bedarf des Pferdes entsprechendem geringem Kraftfutteranteil. Investieren Sie jedoch in hochwertige Futterzusätze wie Muschelkalk bzw. Fermentgetreide u.ä., sowie eine gute Kräutermischung.

Die Umkehrbarkeit arthrotischer Prozesse halten wir Feldenkraislehrer für möglich, jedenfalls bis hin zu normaler Belastbarkeit und somit Lebensqualität. Gesundheit ist dabei dann nicht die Abwesenheit von Krankheit.

Im Umgang mit Humpeln aufgrund von Arthrose unterliegen Sie der Freude und der Verantwortung, geschmeidig zu denken.

III. BEISSEN

Der Gaul macht nicht mit, weil er beißt!

Beißen ist eine der unschönsten Eigenschaften eines Pferdes mit Problemen. Durch einen Pferdebiß entstandene Quetschungen sind oft sehr schmerzhaft und entzünden sich leicht. Reagieren Sie daher sofort mit einem Besuch beim Arzt für eine Tetanusimpfung.

Manche Pferde beißen enthemmt und wiederholt, wodurch für schwächere, leichtere Gestalten neben stärkeren, schwereren Pferden echte Gefährdung entsteht.

Hengstfohlen knapsen auch gern nach dem Reiter.
Foto:
Archiv von der Sode

Fohlen brauchen orale Kontakte.
Foto:
Archiv von der Sode

Schwierig wird es mit dem Beißer in Gruppenhaltung, da ja meist auch andere Pferdebesitzer Zugang zu dieser Pferdeherde haben und sich häufig unerfahren und ohne Gefahrenbewußtsein verhalten.

Einzelhaft ist jedoch für einen Beißer das Aus. Er kann es nicht aushalten und wird dadurch mehr als aggressiv. Am besten, Ihnen gehören mehrere Pferde und außer Ihnen hat niemand Zugang zur Herde. Das ist der Idealfall für den Beißer.

Stattdessen landen die meisten Beißer beim Pferdehändler. Wenn Sie sich dort ein Pferd aussuchen (es gibt dort auch reizende Pferde), achten Sie bitte darauf, keinen Beißer mit nach Hause zu nehmen.

Sie sind nicht leicht zu erkennen. Beim Wallach ist oft (nicht etwa immer) der Augenausdruck *fünsch* oder garstig jedenfalls nicht stimmig. Stuten und auch so mancher des anderen Geschlechts können putzmunter aus den Augen gucken und trotzdem Beißer sein. Richten Sie beim Kauf eines Pferdes eine Rückgabeklausel innerhalb einer vier- bis sechswöchigen Frist ein, falls sich das Pferd oder Pony als Beißer entpuppt.

Profitip:

1. Aufzucht allein
Viele Pferde beißen, weil sie allein oder mit viel zu wenig Pferdegesellschaft aufgezogen wurden. Das heißt oft auch im Garten, in der Box, im zu kleinen Winterauslauf nach dem Absetzen.

Knabbern, beißen und puffen sowie rasen, steigen und buckeln gehören zum Spiel-, Lern- und Entwicklungsprogramm des Jungpferdes. Kann es

Reiben, streichen und massieren Sie Maulwinkel, Lippen und Zahnfleisch des beißenden Pferdes aus.
Foto: R. Gaida

dieses Programm mit genügend Artgenossen nicht ausleben, versucht es diese Bedürfnisse an „seinem Menschen" zu befriedigen. Daraus entsteht leicht eine Gewohnheit des Beißens.

Je robuster und instinktstärker die von Ihnen gewählte Pferderasse ist (z. B. Isländer, Shetlandponys, Fjordpferde, Holsteiner etc.), desto größer ist Ihre Verantwortung, dieses Pferd in großen Jungpferdegruppen aufzuziehen. Mit zwei Araberstütchen als Jungpferden hinter dem Haus geht diese Aufzucht im Hinblick auf Beißen oft gut, da ihr kultureller Hintergrund ein anderer ist. In ihren Genen erinnern sie das Leben am und im Beduinenzelt.

2. Zu frühes Absetzen

Viele Pferde entwickeln sich zum Beißer, weil sie schon nach vier Monaten abgesetzt wurden. Durch die Umstellung auf Heu und Fohlenaufzuchtfutter können sie nicht mehr saugen. Besonders fatal ist die Situation, wenn ein Fohlen mit der Flasche aufgezogen wurde. In beiden Fällen haben die Pferde ihre oralen Bedürfnisse nicht ausreichend befriedigen können und versuchen ein Leben lang, diese Nachreifung über ihr Beißen zu erreichen.

Was können Sie tun?

Setzen Sie Ihre Fohlen erst nach sechs bis acht Monaten ab und kaufen Sie auch nur Fohlen, die nicht früher abgesetzt wurden. Stute und Fohlen zeigen Ihnen, wann sie voneinander lassen wollen. Schaffen Sie genügend Entfernung zwischen Stute und Fohlen, so daß sich beide neu orientieren.

Verbieten Sie anderen Menschen, Ihr Fohlen (besonders im Gesicht) anzufassen. Fassen Sie selber Ihr Fohlen häufig und sachgerecht an - mit einer Mund-, Kinngruben- und Zahnfleischmassage. Dadurch wird es in seiner Maulorientierung gesättigt und kann sich anderen Lernvorgängen zuwenden.

3. Beißen als Folge von Mißhandlungen und Frustration

Mehrfach habe ich unter Friesen und Polenpferden, die aus dem Importhandel kommen, böse Beißer erlebt. Der Allgemeinzustand der Tiere ließ darauf schließen, daß die Frustrationen und Mißhandlungen auf dem Weg der Handelsreise erheblich waren. Sie waren nicht gerade erster Klasse gereist und schon gar nicht psychologisch einfühlsam betreut. Schließlich mußten sie ihre Heimat aufgeben und waren unterwegs in eine ungewisse Zukunft. Stattdessen gab es Wasser knapp und (wahrscheinlich beim Verladen) Hiebe satt. Häufig werden Hengste unterwegs auch noch kastriert und erleiden einen Schock und Identitätsverlust.

Diese Situation kann in die Vergangenheit hinein nur interpretiert werden und äußert sich folgendermaßen:

Sie haben das Pferd ein paar Wochen, gehen gut mit ihm um, machen eine irgendwie geartetete Handbewegung, z. B. durch Ihr Haar, und Ihr Pferd greift Sie spontan an und will Sie ernsthaft beißen. Sie oder jemand anders nimmt zum Fegen einen Besen in die Hand oder hat einen bestimmten Gang oder Tonfall, auf den Ihr Pferd mit einem Beißangriff reagiert.

Was können Sie tun? Achten Sie auf Niveau und Qualität der Transportfirmen vom Herkunftsort an. Gehen Sie solide, achtsam und gut mit dem Pferd um; nach zwei bis drei Jahren kann sich das Problem auflösen. Kennzeichnen Sie Stall und Weidezaun zur Sicherheit anderer Menschen.

4. Beißen durch Fütterung

Beißen beim Füttern kann durch falsches Einschätzen und Ordnen verschiedener Situationen entstehen:

a) Sie wollen zur Futterkrippe und halten dabei die Haferschwinge hinter den Rücken. Das Pferd denkt, sie wollten ihm sein Futter vorenthalten.

b) Der gefüllte Hafereimer steht neben Ihnen, Sie jedoch wollen Ihrem Pferd

Shetty „Benno" unterlegt sein Schmusen mit einem gierigen und auch drohenden Knapsen. Lena verhält sich richtig. Ruhig behält sie ihre Arme am Körper.
Foto: Schorr-Thoenies

erst die Hufe auskratzen oder eine Decke auflegen. Diese Prioritäten sind für das Pferd nicht einsehbar und regen es auf. Füttern Sie erst ihren Hafer.

c) Ranghohe und/oder besonders freßgierige Pferde sollten im Stall und Auslauf zuerst gefüttert werden. Berücksichtigen Sie den Rang der Tiere innerhalb der Herde, dann haben Sie während der Futterzeit Ruhe im Stall und im Auslauf.

d) Belobigungsfüttern beim Umgang mit dem Pferd - Bodenarbeit und Reiten - sollte nur wohlbedacht und sehr dosiert eingesetzt werden. Meine Pferde bekommen den ersten Krümel Belohnung beim Einfangen auf der Weide und den zweiten beim Absitzen nach dem Reiten bzw. Reiterwechsel.

Problempferde in der Pferdeschule bekommen Belohnung durch Futter z. B. nach dem Aufsitzen, um das Stehen unter dem Reiter zu lernen. Verbieten Sie bitte allen Besuchern und Gästen, irgendeines Ihrer Pferde aus der Hand zu füttern oder ihm ins Gesicht zu fassen. Sie erziehen sich sonst den „Beißer".

5. Beißen anderer Pferde

Unschön, unpraktisch und neurotisch ist es, wenn ein Pferd andere Pferde niederbeißt. Hier handelt es sich um eine psychische Störung, die in nicht artgerechter Aufzucht entstanden ist. In diesem Falle können Sie das folgende tun:

a) Ordnen Sie Pferde nach Rasse und Farbe. Nach meiner Beobachtung sind Pferde extreme „Rassisten", die ihren

Pferde ordnen sich am liebsten zu einer ähnlichen Farbe und Art.
Foto:
Archiv von der Sode

Toleranzbereich austesten. Trennen Sie also im Problemfall Shetty zu Shetty, Warmblut zu Warmblut, Fjord zu Fjord und Reitpony zu Reitpony.

b) Probieren Sie aus, ob die Neurose eher gegengeschlechtlich oder gleichgeschlechtlich auftritt. Ordnen Sie also zum Erhalt der Weideruhe zum Problempferd entweder einen Partner oder eine Partnerin gleichen Typs, und schauen Sie, ob Ruhe zwischen den beiden einkehrt.

c) Führen Sie neue Pferde allmählich in die Herde ein. Aus dem Kontakt am Weidezaun können Sie erkennen, wie das neue Herdenmitglied sich einfügt und aufgenommen wird.

d) Unverbesserliche Pferde bzw. viele Hengste sollten allein auf die Weide kommen. Die meisten Zuchthengste würden sich jedoch sehr gut für die Weidebedeckung eignen; manche Hengste lassen sich periodenweise mit anderen Hengsten und Wallachen halten. Seien Sie hierbei extrem achtsam.

*Gehen Sie bitte nicht an das Boxenfenster, wenn ein Pferd sich so zurückhaltend und abweisend verhält wie dieser Camarguewallach.
Foto: Archiv von der Sode*

wehrt. Es denkt insofern nicht nach, sondern handelt instinktiv.

c) Die Rangordnung zwischen Kind und Pferd ist nicht entsprechend geklärt. Oder vielleicht hat sich das Kind einige Male unsachgemäß verhalten und das Pferd dadurch verärgert.

Was können Sie tun? Wenn Sie einen Beißer haben, sollten Kinder dieses Pferd nicht führen. Beißer werden generell nicht gern geführt. Auch sollte Kindern unter 12 Jahren das Betreten der Weide grundsätzlich verboten oder nur unter Aufsicht Erwachsener gestattet werden.

Beobachten Sie Ihr beißendes Pferd im Umgang mit reitenden Kindern immer und führen Sie alle vorbereitenden und sonstigen anfallenden Arbeiten mit dem Pferd selber durch. Berücksichtigen Sie im Kaufvertrag bei Ankauf und Verkauf den Vermerk: „Dieses Pferd beißt Kinder."

6. Beißen nur von Kindern

Einige Pferde und Ponys beißen mit Vorliebe Kinder. Manche dieser Pferde gehen jedoch beim Reiten ausgesprochen achtsam mit Kindern um und sind wahre Lehrmeister. Ich erkläre mir das folgendermaßen:

a) Vielleicht hat es mit der Wahrnehmung des Pferdes zu tun, direkt vor sich und direkt hinter sich nichts zu sehen (toter Winkel). Die Kinder stellen somit mit ihrer niedrigen Körperhöhe in der Wahrnehmung des Pferdes eine Gefahr dar.

b) Die kribbelige und krabbelige Verhaltensweise von Kindern löst im Pferd eine Erinnerung an Gefahr (Schlangen, Wölfe etc.) aus, gegen die es sich

IV. SATTELZWANG

Der Gaul macht nicht mit, weil er beim Satteln verrückt spielt!

Viele Reitlehrer, Bereiter und Pferdebesitzer haben sich achselzuckend daran gewöhnt, daß ihr Pferd beim Satteln verrückt spielt. Es weicht mal nach vorne, mal nach rückwärts oder seitwärts aus, es legt zähneknirschend die Ohren an, schnappt wiederholt in die Luft oder zwickt in den Arm oder den Allerwertesten. Es winkt mit dem Hinterbein oder versucht gezielt, nach dem Sattelnden auszuschlagen. Manch einer interpretiert diesen Schlagabtausch zwischen Mensch und Pferd als Ausdruck von Temperament (beim Pferd) und Sportlichkeit (beim Reiter). Ich empfinde die Situation eher als unruhig, unpraktisch und gefährlich. Außerdem ist sie bei der kompetenten Grundausbildung des jungen Pferdes zu 100 Prozent vermeidbar. In der Korrektur eines Pferdes mit Sattelzwang bleibt der Sattelvorgang eine Stelle der Achtsamkeit zwischen Reiter und Pferd, Reitlehrer(in) und Reitschüler(in). In jedem Fall gilt: Vorbehalte des Pferdes dem Sattelzeug gegenüber beeinflussen den gesamtem Trainingsablauf negativ. Darunter leiden Rittigkeit und Lernfortschritt des Pferdes und somit Ihr Reitgefühl und Ihr Reiterlebnis.

Profitip:

1. Sattelanpassung

Der Sattel muß passen! Die Reibung und der Ärger mit und über den nicht passenden Sattel verbraucht zuviel Energie, die wir lieber im Reitvorgang hätten. Ein abgestumpftes Verhalten nützt uns auch nichts, denn die gesamte Kommunikation zwischen Pferd und Reiter ist dann schleppend. Jedoch - die meisten Sättel auf gerittenen Pferden passen nur annähernd. Woran liegt

Dieses anderthalbjährige Vollblut befindet sich in einem Zustand von Resignation und Angststarre nach dem Abtoben beim ersten Satteln. Foto: N. Franke

*Dem Pferd sollte bewußt und erfahrbar sein, daß auf seinem Rücken Bewegung ist.
Foto: Dostall*

das? Nach meiner Erfahrung müßte die Vermarktung von Sätteln anders aufgebaut sein. Jedem Pferd müßten fachlich versiert fünf bis zwanzig Sättel anprobiert werden. Möglichst von den Sattlern selber oder von wirklich kompetenten Fachkräften. Und zwar in der Ruhe, in der Bewegung und mit *dem* Reiter, der überwiegend in *diesem* Sattel sitzen soll. Diese fünf bis zwanzig Sättel müßten von verschiedenen Herstellern kommen und sind dadurch von verschiedenen Sattelmeistern geprägt. In der unterschiedlichen Machart liegt eine größere Chance, daß einer der Sättel reell paßt. *Ein* Reitsportfachgeschäft hat meist nur ein bis zwei Hersteller im Sortiment und kann daher diese Variationsbreite nicht bieten. Aufgrund der Individualität in der Sattellage der Pferde ist es eher unwahrscheinlich, daß ein aus dem Katalog bestellter Sattel paßt. Ein „aus Spanien" mal eben so mitgebrachter Sattel findet sicher als Barhocker eine humanere Verwendung.

a) **Sattelanpassung hat viele Perspektiven:**
- Der Sattel muß die Wirbelsäule des Pferdes unter dem Gewicht des Reiters in allen Bewegungsabläufen freilassen.
- Er muß die Schulterknochen des Pferdes in der Bewegung geradeaus und in der Wendung freilassen.
- Er darf die Nierenpartie nicht behindern; beim Trachtensattel und beim Westernsattel ist darauf besonders zu achten.
- Er sollte vier Gurtstrupfen bzw. eine an die sogenannte Gurtenpartie oder Gurtenlage angepaßte Sattelgurtaufhängung haben, damit der Gurt lotrecht zum Sattel verläuft.
- Die Weite des Sattelbaumes muß zum Brustkorb des Pferdes passen.
- Er sollte mit seinem tiefsten Punkt im, bzw. über dem tiefsten Punkt des Pferderückens sitzen. Die Chance, daß er dann ruhig liegen bleibt, ist am größten, wenn das Pferd versucht, ihn über Unregelmäßigkeiten in der Tätigkeit der Rückenmuskulatur nach vorne, nach hinten oder zur Seite herunterzuschieben.

b) **Der Sattel sollte seinen Reiter dabei unterstützen, einen möglichst ausbalancierten Grundsitz zu finden:**
- Er sollte in der Sitzfläche klein genug oder groß genug sein und am Vorderzwiesel nicht drücken.
- Der Oberschenkel sollte mit mehreren Steigbügellängen gut hingelegt werden können.
- Die Steigbügelaufhängung sollte insofern zur Beinlage des Reiters passen, als der Steigbügelriemen unter Belastung durch das Reiterbein im Grundsitz weiter senkrecht herabhängen kann.

- Bei Ponysätteln sind die Steigbügel fast immer zu klein, bei Warmblutsätteln häufig zu groß für den Schuh des Reiters. Achten Sie darauf, daß ein sicherer, jedoch nicht eingezwängter Steigbügeltritt möglich wird.
- Zur Vorbeugung des Sattelzwanges beim Reiter, des sogenannten Wundreitens, gibt es praktische Unterhosen ohne Borten und wundervolle Lammfellbezüge, die über den Sattel gezogen werden.

2. Gurtenzwang

Manch ein Pferd, das beim Satteln unruhig ist, stört sich jedoch viel eher am Sattelgurt. Sie können es daran bemerken, wenn die Unruhe des Pferdes erst auftritt, wenn der Sattelgurt herabgelassen wird. Insbesondere sehr sensitive, körperempfindliche Pferde stören sich an unsachgerechter Begurtung. Achten Sie bei solchen Pferden darauf, daß Sie den Gurt nicht einfach herunterklimpern lassen. Treten Sie beim Satteln um das Pferd vorn herunter und legen Sie den Gurt sachte herab. Klopfen Sie dann mit geöffneter, flacher Hand die Gurtenlage des Pferdes auf beiden Seiten vorsichtig ab, um das Nervensystem auf Berührung und Reibung vorzubereiten. Der Gurt sollte nun unbedingt lang genug sein, um mühelos geschlossen werden zu können. Ziehen Sie den Gurt in fünf bis sechs Vorgängen erst dann nach und nach an, bevor Sie aufsitzen. Währenddessen können Sie das Pferd führen, bzw. seitlich übertreten lassen und besonders zwangsgeschädigte Pferde auch aus einer Haferschwinge füttern.

Verwenden Sie ein Material, das Ihrem Pferd angenehm erscheint. Ich verwende häufig den Ledergurt, manche schwören auf elastische Begurtung. In jedem Fall sollte der Gurt über die Gurtenlage geführt und vom Ellbogen eine Handbreit entfernt sein.

3. Erstes Satteln

Lassen Sie uns den Vorgang untersuchen, bei dem der Sattelzwang häufig produziert wird: in den Wochen des ersten Aufsattelns.

Bei den mit uns lebenden Hauspferden ist das Satteln an sich gar kein dramatischer Akt. Wir müssen nur die Einladung abpassen: „Bitte sattele mich!" Diese hängt vom Reifegrad des Pferdes ab und von seiner Klarheit und seinem Mut, mit dem Menschen in der Arbeitssituation zu kommunizieren. An meinen Ponys im Ponyclub sehe ich, daß die Ponys jahrelang aufmerksam beim Satteln und Trensen anderer Pferde zuschauen. Das Bild vom „gesattelten Pferd" ist ihnen vertraut. Sie wollen zu „den Großen" gehören und konzentrieren sich gewaltig und sind dann voller Stolz, wenn sie auch einen Sattel- und einen Reiter - spazierentragen dürfen. Dieses ist der Idealfall, der uns aber zeigt, wie aufgeklärt und kommunikationsbereit unsere Pferde sind. Entsprechend ist es unpraktisch, den Arbeitsbereich junger Pferde und Profis zu trennen. In der

Dieses Pony gibt auf sein Gepäck gut acht.
Foto: Dostall

Der Gaul hat Sattelzwang

*Nach dem Aufsatteln einen Klön auf der Stallgasse zu halten, ist angenehm auch für das Pferd und gut für seine Sattelgewöhnung.
Foto: Archiv von der Sode*

*Pony „Jipsy" geht angstfrei und achtsam mit seinem „Reiter" um.
Foto: Dostall*

Gelassenheit an der Freilonge kann das Pferd gleichzeitig das Pensum und die Ausstattung des gerittenen Pferdes betrachten.

Üben Sie weiterhin ein, daß Ihr Pferd am Arbeitsplatz am ganzen Körper berührbar wird. Sowohl mit der Hand als auch mit einem Handtuch, einem Sack, einem Müllbeutel oder der aufgewickelten Longe. Es sollte dabei neugierig und interessiert sein, nicht mit dem Schweif klemmen und gelassen atmen. Verstehen Sie diese Übung als Spiel - auch beim Freilaufen des Pferdes oder auf der Weide.

An das Satteln gehe ich dann genauso heran. Ich sattele ohne Begurtung auf dem Hals, auf der Nierenpartie, auf der Kruppe!

Es ist ein Spiel - und der Sattel darf dabei durchaus heruntergleiten, am besten auf meinen Arm.

Beim ersten Longieren mit Sattel achte ich darauf, daß der Gurt schon angezogen ist. Außerdem verknote ich die Steigbügelriemen am Steigbügel, so daß diese nur gemäßigt flattern. So darf sich das Pferd dann ein paar Tage oder Wochen in ruhiger Arbeit einlaufen. Sehr gelassen werden die Pferde bei Spaziergängen mit Sattel, da die Umgebung sie ablenkt und entspannt. Ein Sattelzwang entsteht auf diese Weise nicht.

4. Die Sattelroutine

Wer in der täglichen Arbeit sattelt und wie gesattelt wird, obliegt der Verantwortung des Pferdebesitzers. Sie können Ihr Pferd noch so schön angelernt haben, ein sensitives Pferd kann beim Satteln schnell ängstlich und unruhig werden. Dementsprechend halte ich nichts davon, wenn Reitställe und Ferienhöfe ihren Kunden das Sattelzeug in die Hand drücken mit dem Vermerk: „Hektor, dritte Box rechts, bitte selber satteln!" Noch nicht einmal unter Anleitung können sich viele Ställe ihre Pferde fromm erhalten fürs Aufsatteln. Viele Pferde mögen einfach eine fremde Handschrift nicht. Wenn ich also einen Reitgast habe, sattele ich ihm mein Pferd. Das ist eine Abmachung zwischen mir und meinen Pferden.

V. KUMMER

Der Gaul macht nicht mit, weil er Kummer hat!

Viel zu oft haben Pferde im Zusammenleben mit Menschen einen schweren Kummer, der sie daran hindert, gut mitzutun. Eine wirklich sehr liebenswerte Oldenburger Züchterin hat mir erzählt, wie oft sie und ihre Züchterfamilie schockiert waren. Beim Verkauf verließen putzmuntere, optimistische und strahlende Pferde den Hof. Traf man sie ein paar Jahre später wieder, waren es seelisch und körperlich heruntergewirtschaftete Wracks. Sie hat meine Ausbildungskurse besucht, um ihrer besonderen Verantwortung als Züchterin gerecht werden zu können, in der sie Pferde nicht nur produziert. Auch nach Verkauf kann sie jetzt professionelle Hilfe bei Lösungen und Korrekturen hinsichtlich der Probleme dieser Pferde anbieten.

Das kleine Pony „Joy" konnte mit Hilfe der Homöopathie eine Lähmung auflösen. Foto: Archiv von der Sode

Sehr schwer kann für sehr mütterliche Pferde der Verlust eines Fohlens wiegen. Ein kleines Shettystütchen hatte nach einer Totgeburt monatelang eine Lähmung im Rücken. Der normale Tierarzt konnte hier gar nichts tun. Feldenkraisarbeit half nicht. Zwei winzig kleine „Kügelchen" aus dem Reservoir der Homöopathie, verabreicht durch eine Tierheilpraktikerin, haben das Problem nach einer Woche gelöst.

Eine Reitponystute verlor ihr erstes Fohlen sechs Wochen nach seiner Geburt unter tragischen Umständen. Obwohl wir das tote Fohlen mehrere Stunden auf der Weide liegenließen, damit die Stute Abschied nehmen konnte, wartet sie seit einem Jahr auf die Rückkehr dieses Fohlens. Und mit ihr die Weidegruppe. Als wir mehrere Monate nach dem tragischen Vorfall ein kleines, ebenfalls braunes Schaukelpferd auf die Reitwiese stellten, um es im Aufgabenbereich zu integrieren, rasteten diese sechs Pferde aus. Wallache und Stuten umringten das Schaukelpferd, stubsten es immer wieder an und sprachen mit ihm. Um die Trauer nicht eskalieren zu lassen, wollten wir das Schaukelpferd wieder wegstellen. Doch die Pferde und Ponys schlugen nach uns aus und bedrohten uns deutlich. Eine gleichzeitig abfohlende Ponystute aus der benachbarten Weidegruppe ließ uns monatelang nicht an ihr Fohlen heran und hat auch ihr Foh-

*Besonders Stuten können untereinander sehr enge Freundschaften schließen.
Foto: Archiv von der Sode*

*Viele anspruchsvolle, differenzierte Pferde und Ponys möchten auf einer Schau ihr „Coming Out" haben.
Foto: Dostall*

len entsprechend instruiert. Wir Menschen waren in ihren Augen offenbar nicht in der Lage, die Verantwortung für ein Fohlen zu übernehmen.

Diese und andere Geschichten zeigen mir, zu welch einem tiefen Gefühl von Trauer und Empathie (Offenheit ihren Gefühlen gegenüber) Pferde in der Lage sind.

Es gibt unter Pferden auch sehr tiefgehende Freundschaften. Besonders Stuten können sich herzzerreißend eng verbinden. Auf einer Hubertusjagd, die ich mit einer Kindergruppe mitritt, entdeckte eines meiner Stütchen eine andere Ponystute, die mehrere Jahre lang innerhalb einer großen Weidegruppe ihre Weidegefährtin gewesen war, jetzt aber woanders lebte. Beide Stuten waren kaum zu halten und wieherten sich über eine Distanz von ca. 50 Metern stundenlang zu. Das war eine sehr bewegende und sehr anstrengende Reitjagd, da ich ja in diesem Moment eine größere Verantwortung für die Kinder als für die Stuten hatte.

Kummer können Pferde auch beim Abschied von einem eng befreundeten Menschen erleiden. Sie empfinden Verkauf als Verrat und weigern sich, weiter nett zu sein und neue Freundschaften zu schließen. Nach meiner Erfahrung kann es gut ein Jahr dauern, bis ein solches Pferd sagt: „Jawohl, ich bin angekommen, ich mache jetzt mit!"

Kummer entsteht auch häufig, wenn ein Pferd sein Heimatland oder sein

Gestüt und die damit verbundene Lebensart verlassen muß. Manche Pferde, die bisher in großen Herden unterwegs waren, tun sich zu zweit „hinterm Haus" furchtbar schwer. Andere sind froh über den persönlichen und nahen Kontakt zur neuen Familie. Manche Pferde hatten immer viel Fiesta um sich und vermissen das lebendige Treiben. Wieder andere können in Geborgenheit überhaupt erst wieder zur Ruhe kommen und zu sich selbst finden. Unter Pferden gibt es genauso viele Individualisten wie unter uns Menschen. Hund und Katze sind viel einfacher zufriedenzustellen. Heimat und Lebensart sind daher für Pferde von großer Bedeutung. Da sie Handel und Wandel unterstehen, liegt hier oft die Ursache für Kummer, aber ja auch die Chance, sich zu verbessern.

Es gibt Pferde, die Kummer haben, weil sie nie zu ihrem „Coming Out" kommen durften - dem Durchbruch auf der Bühne, Show, Turnier oder Wettbewerb. Sie haben in sich und spüren in sich das athletische Potential. Sie langweilen sich oder sind einfach nur nörgelig und unzufrieden. Darunter sind auch Pferde, die ihre Laufbahn als noch nicht abgeschlossen betrachten und noch fit wären für weitere Herausforderungen. Mein jetzt 20jähriges Turnierpferd ist immer völlig begeistert, wenn es sonntags Musik vom Fußballplatz hört. Jedes Jahr geht es zwei Monate in Profiberitt. Ich wähle den Zeitraum im Sommer aus, in dem seine fetteste und langweiligste Weidezeit wäre und ich garantiert keine Zeit habe. Bei anstrengender Arbeit kann es sich dann „outen", Ansporn, Lob und Anerkennung abholen, während es sonst nur „gammeln" würde.

Kummer durch Überforderung ist eher selten. Reaktionen und Folgeschäden äußern sich anders.

Meiner Erfahrung nach kann einem Pferd die Verteufelung über seinen Namen sehr tief in die Seele gehen. Alle Pferde, die "Pepper" (Pfeffer) hießen, zeigten sich extrem kribbelig und auch ein "Satan" war oft hart im Nehmen und Austeilen. So taufe ich um, wenn sich das Pferd nach einem negativ geprägten Namen richtet. Einen positiven, heiteren Namen ändere ich nicht, da auch dieser Identitätsverlust Kummer beim Pferd auslösen kann.

Auch im Gebrauch der Sprache bin ich im Beisein des Pferdes nicht achtlos. "Dieses ist mein absolutes Lieblingspferd", sage ich nicht, wenn andere Pferde dabei sind. Ich sage in ihrem Beisein auch nicht, daß ich dieses oder jenes Pferd bald verkaufen werde. Nach meiner Beobachtung reagieren die Pferde auf solche Bemerkungen deutlich und sichtbar mit Kummer.

Profitip:

1. Kummer ist ein homöopathisches Leitsymtom für die Behandlung einer Krankheit. Überdenken Sie, ob Sie dem bisher eine solche Bedeutung beigemessen haben.

2. Es gibt viele versteckte Ausdrucksformen von Kummer, z. B. ein tränendes Auge, das sogenannte Leckauge. Manchmal ist es so, daß das Pferd buchstäblich weint. Ich habe das leckende Auge bzw. den verstopften Tränenkanal bei Pferden gesehen, die besorgt sind, sehr rangniedrig oder eine schwache Phase haben und

Kummer über einen kranken Körper zeigt sich im Augenausdruck und in Sorgenfalten über den Augen. Foto: B. Albrecht

dadurch oft auch im Rang abrutschen. Ich gebe diesen Pferden dann Zeichen besonderer Zuwendung und Aufmerksamkeit. Ich wische ihnen täglich von oben nach unten/außen, nach innen mit der flachen Hand über das Auge, bzw. benutze eine mit „Augentrost" durchtränkte Kompresse. Ich gebe ihnen (manchmal nur jede zweite Nacht) ein nettes Plätzchen im Stall, damit sie von den Unfreundlichkeiten anderer Herdengenossen ausruhen können. Ich gewähre ihnen Kontakt und Zuspruch.

3. Zunehmend verbreitet ist das Problem der Ekzempferde. Häufig ist ein kaputtes oder auch nur glanzloses Fell, eine plötzlich auftretende Sommerräu-

de ein Ausdruck von Kummer. Ein zweijähriges Stütchen fühlte sich inmitten der arbeitenden Herde unwichtig und überflüssig. Es machte allerhand Unsinn, wobei es die um ein bis zwei Jahre jüngeren Fohlen deutlich in den Schatten stellte. Eines Tages sagte ich zu „Nuja": „Wir müssen dich jetzt auflacken! Du gehst bald zur Stutenschau." Höflich und munter begann sie, ihre Einzelwaldspaziergänge mit Führerin und das Vorstellen im Trab zu erlernen. Die Spaziergängerin tauchte unregelmäßig auf und hatte außerdem keine Lust, das Pferd zu putzen. Ich hatte viel zu tun und sagte eines Tages im Beisein der Stute: „Ich habe keine Zeit für die Stutenschau, das paßt nicht in meinen Zeitplan, wir gehen nächstes Jahr!" Am folgenden Tag hatte sich die Stute am ganzen Körper gescheuert und tut sich seitdem sehr schwer damit, es wieder einzustellen. Nun gibt es ein wundervolles Cadmos-Pferdebuch über die Behandlung von Ekzempferden*, und ich richte mich, auch aus meiner eigenen Erfahrung, nach diesen Vorschlägen.

Ich bin jedoch ganz sicher: In diesem und vielen anderen Fällen muß der Kummer behandelt werden. Zum einen durch Unterstützung aus der Homöopathie. Zum anderen hat die junge Stute jetzt eine sehr engagierte Pflegerin, die mit ihr läuft, sie putzt, anreitet und vor allen Dingen beachtet.

Ähnlich erging es dem Shetlandpony „Pilvi". Ich hatte es gekauft, um es vor dem Gang zum Pferdemetzger zu bewahren. Mir wurde vom Verkäufer erzählt, er seinerseits habe es als Fohlen gekauft, um ihm diesen Gang zu ersparen. Die ganze Identität des fünfjährigen Pferdchens war von dem Leitge-

*Anke Rüsbüldt, Das Sommerekzem, Erkennen-Vorbeugen-Behandeln, Cadmos Verlag 1997

danken gekennzeichnet: „Ich bin für den Schlachter bestimmt! Wenn ich verkauft werde, komme ich zum Metzger!" Ihn ohne viel Federlesens und Zeiteinsatz neben der Herde herlaufen zu lassen, bei freundlichster Ansprache, war nicht möglich. Er war bei Berührung am Körper und beim Führen starr vor Schreck und scheuerte sich. Ich gab ihn an Astrid, die ihn unbedingt haben wollte. Das Pony bekam zum Abschied Notfalltropfen und Bachblüten zur Verarbeitung eines alten Traumas. So konnte er den neuerlichen Besitzerwechsel überhaupt verdauen. Daß er jedoch heute das schönste und lustigste Pony rund um Köln ist, verdankt er Astrids Liebe und vor allem den Kilometern und der Zeit, die sie mit ihm am Langzügel durch das Bergische Land gelaufen ist. Der Kummer ist wie weggeblasen. Von „Pilvi" und von mir ein Dankeschön dafür.

4. Ein weiteres Ergebnis von Kummer kann eine erhebliche Aggressivität des Pferdes sein. Als Beispiel dient mir „Goofy". Er konnte sich noch ein halbes Jahr nach dem Kauf nur schlecht und recht einleben. Er hatte sich gleich zu Beginn auf den zweiten Rang in der Herde gesetzt, ein Unruheposten, denn der Herdenführer war würde- und energievoll und dachte gar nicht daran, den Platz jemals zu räumen. Beim Putzen und Reiten war „Goofy" reizend zu dem fünfjährigen und achtjährigen Kind, die ihn in Pflege hatten, war jedoch ständig eher unterfordert. Nach der „Pferdeweihnacht" machte ich Weihnachtsferien und meine Pferde und Ponies gleich mit. Sie genießen es alle nicht sehr, weil sie sich dann langweilen. Ein Pferdchen wie „Goofy" jedoch wird erst recht unruhig, da es sich erneut im Stich gelassen fühlt. Nach Silvester kam seine langjährige Reiterin zu Besuch. Sie war jetzt eine junge Frau und deutlich aus ihm herausgewachsen. Sie gab ihm zur Begrüßung eine Mandarine - das hatte sie immer getan. Sofort danach griff „Goofy" sie wiederholt und heftig über den Koppelzaun an und versuchte sie zu beißen. Das junge Mädchen stand vollkommen schockiert mit Tränen in den Augen da, als ich dazukam. Ich war selber überrascht, versuchte sie aber zu beruhigen und zu ermutigen, mit „Goofy" spazierenzugehen, damit er sich beruhigen konnte. Sie war über die Situation so entsetzt, daß sie dazu

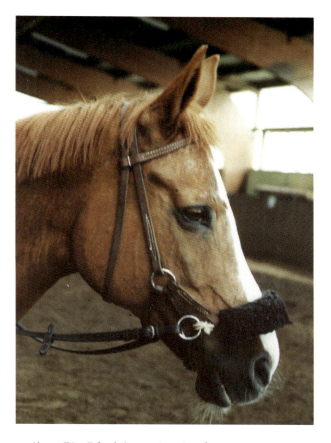

„Padua" wird mit Lindel gebißfrei geritten. So wird sie entlastet, denn ihr Augenausdruck zeigt Kummer und Schmerz.
Foto:
Archiv von der Sode

Die sanft ausgeführte Erweiterung an den Nüstern bringt eine neue Aufmerksamkeit und ein angenehmes Körpergefühl. Foto: R. Gaida

nicht in der Lage war und auf Nimmerwiedersehen davonfuhr. Sie dachte wohl, wir hätten ihn schlecht behandelt.

Wahrscheinlich hatten sich die beiden im Verständnis des Pferdes noch gar nicht voneinander getrennt. In seinen Augen war er ihr Einzelpony gewesen, schließlich hatte sie ihn gepflegt und auch gar nicht verkauft. Der Biß in die Mandarine hat bei ihm den „Verrat" manifestiert und den Kummer herausgebracht. „Goofy" lebt jetzt wieder in einer Situation als Einzelpony. Zwei heitere Haflinger Blondinen bilden seinen Harem - das Trio wird von drei Erwachsenen betreut. „Goofy" konnte sich körperlich und seelisch erholen und es geht ihm gut. In einer großen Herde unter „ferner liefen..." wäre er nie mehr zu einer besseren Lebensart gelangt. Ein Pferd mit Kummer braucht manchmal mehr als das grüne Gras der Weide und einen großen Herdenverband.

5. Nachhaltiger Kummer kann sich als Beeinträchtigung im Verdauungstrakt des Pferdes auswirken. Die Probleme sind ihm „auf den Magen geschlagen". Dazu gehören häufige Koliken, Schlundverstopfungen sowie ein schlechter Allgemeinzustand bei genügend Grundfutter. Wenn durch die Bank viele Pferde im Stall regelmäßig zu Koliken neigen, liegt ein Fehler in der Stallführung vor, der auffindbar ist.

Es wird zuwenig Rauhfutter gefüttert oder zuviel Kraftfutter oder spontan Saftfutter o.ä. Oder die Pferde haben zuwenig Bewegung, ihr Organismus gibt nach und reagiert darauf. Wenn einzelne Pferde ab und an zu Koliken neigen, fahnde ich nach der

Ursache, die immer wieder auch andauernder Kummer sein kann. Dem Pferd mag seine Ecke im Stall nicht gefallen, sein Stallplatz, sein Stallnachbar oder sein Rang in der Herde verschafft ihm Streß und Sorgen. Bei allen Pferden mit Störungen im Verdauungstrakt aufgrund von Kummer ist der Atemfluß nicht losgelassen und frei. Das kann auch von verkrampftem Reiten kommen oder von den Menschen, die mit dem Pferd umgehen und selber permanent angespannt und flach in der Atmung sind. Suchen Sie also den Fehler - schaffen Sie die Bedingungen für Losgelassenheit und freie Atmung - wiederholte Koliken sind eine teure Nachlässigkeit.

Kummer, der auf den Magen schlägt, kann dann doch auch eine Reaktion auf Überforderung sein. Üben Sie Aufgabenstellungen und Ortswechsel bitte nach und nach mit Ihrem Pferd ein. Helfen Sie Ihrem Pferd mit Atem- und Feldenkraisübungen, sich zu entspannen. Beseitigen Sie die Ursache seines Kummers, damit es sich verstanden und aufgehoben fühlt.

Lassen Sie sich an dieser Stelle auf den Gedanken ein, daß manche Pferde vor lauter Kummer keinen Gesundungswillen mehr von schwerer und chronischer Krankheit haben.

Und es gibt Pferde, die können ihren Besitzer einfach nicht ausstehen. Wieder andere lieben ihren Reiter und sind die wandelnde Verkörperung von dessen Gebrechen und Neurosen. Das ist dann ihr „Karma" oder ihre Lebensaufgabe. Vielleicht haben die Pferde aber auch Glück, und ihre Reiter wachen auf und reifen. Trennen Sie sich, wenn Ihr Pferd bei jemand anderem gedeiht, oder lassen Sie diesen Menschen nah an Ihr Pferd. Vielleicht wird es dabei auch Ihr Lehrmeister, und Sie können mit ihm zusammenwachsen und lernen. Kummer zwischen Menschen und Pferden sollte nicht ignoriert werden, genausowenig, wie er sich chronisch in Ihrem Leben festsetzen sollte.

Was Sie aus dieser Situation herausholt, ist die Kommunikation mit Ihrem Pferd und mit Ihren Lehrmeistern und die Akzeptanz von Schwächen, individuellen Möglichkeiten und Ausblicken. Schaffen Sie Raum zum Leben für sich und für Ihr Pferd. Verschaffen Sie ihm eine sinnvolle Aufgabe.

Sportliche Jugendliche lieben den freien Vorwärtsgalopp. Foto: Archiv von der Sode

VI. BUCKELN · BOCKEN

Das bockende Pferd macht nur dem sehr fest sitzenden Reiter Spaß. Profis also, die derzeit sechs bis zwölf Pferde am Tag reiten. Im tiefen Sitz und guten Knieschluß haben sie sich auf alle Bewegungsmöglichkeiten des Pferdes eingestellt. Reitmeister Albert Brandl saß dienstags morgens (nach dem Stehtag) immer singend auf den buckelnden Pferden. Beim Rodeo wird dieses Spiel zwischen Pferd und Reiter zu einer großen Ernsthaftigkeit hin ausgereizt. Es ist Showtime. Das Pferd gibt sein Bestes, um den Reiter loszuwerden, der Reiter will sich möglichst lange oben halten. Das Publikum - je nach Mentalität - feixt oder leidet mit. Ich liebe die Variante des „Bullriding" auf dem elektrischen Bullen. Hierbei wird kein Lebewesen mißbraucht, und wir fallen auf eine überdimensionale Luftmatratze. Das ist dann ein riesiger Spaß. Vom bockenden Pferd unter dem Reiter halte ich eher nichts. Reiten ist eine der gefährlichsten Sportarten, und ich möchte und muß es nicht provozieren, daß der Reiter stürzt und eventuell mit dem Kopf aufschlägt. Es gibt genügend Beispiele, in denen das Tragen einer Reitkappe die Folgen des Sturzes nur gemindert oder umgeleitet hat.

Vom Pferd her gesehen, ist das Buckeln mit Reiter eine unnötige Anstrengung, ein Mehraufwand, den es lieber vermeiden würde. Ich glaube nicht, daß den Pferden das Bocken mit Reiter Spaß macht. Die großen Sätze, Sprünge und Kreuzverdrehungen auf der Basis mangelnder Elastizität und Gymnastizierung führen zur Überbeanspruchung. Wenn ein Pferd Ängste oder ein extremes Bewegungsbedürfnis hat, würde es als Fluchttier eher nach vorne weglaufen, als in die Luft zu springen. Die meisten Reiter verspüren nicht das Bedürfnis nach katapultartigen Schüben in die Luft. Die Assoziationen zum Reiterlebnis sind vielmehr „Getragensein, Schaukeln, Schwingen". Auch meine sehr sportlichen zwölfjährigen Kinder im Ponyclub lieben den Renngalopp, steigende Pferde oder das Springen. Pferde, die Anzeichen zum Buckeln geben, werden von den Kindern immer erst longiert, oder sie holen sich bei mir andere Hilfestellungen.

Profitip:

1. Anreiten

Beim ersten Aufsitzen und Anreiten denken die meisten Reiter an ein bockendes Pferd. Dieser Eindruck ist nach meiner Erfahrung falsch, und vor allen Dingen sind solche Erlebnisse unnötig. Wenn es zum Buckeln beim ersten Aufsitzen kommt, sind in der Vorbereitung Fehler gemacht worden. Im Westernkino haben wir es gesehen. In grauer Vorzeit, im Wilden Westen, wurden die Mustangs eingefangen und ohne größere Vorbereitungen eingeritten.

Der Riesenschreck, den die Pferde bekamen, wurde einkalkuliert. Man(n) blieb oben, bis das Pferd aufgab. Unsere Eindrücke und Gewohnheiten sind sehr stark von Bildern geprägt, die wir im Lernprozeß empfangen haben. Doch wenn Sie nachdenken: Eingefangene Wildpferde werden in Schlachtpferde und Arbeitspferde aufgeteilt. Außerdem waren die zureitenden Cowboys meist nicht die Besitzer der Pferde, sondern diese gehörten dem „Big Boß" der Ranch. So mag auch eine gewisse Aggression eine Rolle gespielt haben.

Dieses zweijährige Vollblut versucht angstvoll seinen Sattel abzubocken. Foto: N. Franke

Als sogenannte „Pferdeflüsterer" werden jetzt die Cowboys berühmt, die sich um eine differenzierte, auf Beobachtung und Erkenntnissen basierende Erziehung des Ranchpferdes bemüht haben. Ich selber hatte die Ehre, einem dieser Cowboys in Colorado zuschauen zu dürfen, wie er von fünf bis neun Uhr morgens ein halbwildes junges Pferd anritt, ohne daß es dabei zu Unruhe oder Ausbrüchen kam. Seine Hilfsmittel waren zwei Hobbel für die Vorderbeine, ein zweites Pferd als Partner und Lehrpferd, seine Hände, seine Stimme, sein Sattelzeug. Und vor allem seine mentale Stärke und die Kommunikation zwischen ihm und seinen beiden Pferden.

Nach einigen Stunden ritt er auf seinem Außenplatz mit dem von den Vorderfesseln befreiten Jungpferd als Handpferd. Dann wechselte er die Pferde und ritt den Neuling, nahm das alte Pferd als Handpferd, und zwar im Trab und im Galopp. Will Weatherford konnte nie verstehen, warum andere mit dieser Arbeit berühmt wurden. Für ihn war es richtig und selbstverständlich so.

*Auch ein weißumrandetes sogenanntes Menschenauge kann freundlich und kontaktbezogen sein.
Foto: F. Ehsen*

In unserer Kultur stellt sich die Sache noch viel einfacher dar. Warum nehmen wir uns nicht vier Wochen oder vier Monate Zeit, uns mit dem Pferd und das Pferd mit uns vertraut zu machen? Wenn wir mit ihm umgehen, hat es per se keine Angst davor, daß wir auf seinem Rücken sind. Viel schwieriger als das erste Aufsitzen ist das sinnvolle Durchbringen von Kommunikation über die Hilfen nach den ersten drei Monaten.

2. Buckeln nach Erschrecken

Wenn ein Pferd erst scheut und dann losbockt, liegt meist eine Angst vor dem Reiter selber vor. Durch das Scheuen löst es sich aus der Verklemmtheit und Starre und seiner Höflichkeit gegenüber dem Reiter. Dem Pferd wird bewußt, daß es das lästige Gepäck auf seinem Rücken auch nicht mehr haben möchte. Verstärkt wird dieser Eindruck des Pferdes durch die Reaktion des Reiters. Ein Zumachen der Beine für den festeren Sitz, schimpfen und parieren (oder zerren) am Zügel sind die häufigen spontanen Reaktionen. Jetzt wird erst richtig klar, wie störend und unbequem der Reiter ist. Manchmal stellt ein Pferd daraufhin das Buckeln ein, aber nur bis zu einem erneuten Ausbruch. Versuchen Sie stattdessen herauszufinden, ob das Pferd Umgebungssicherheit hat und Sie darin mit einbeziehen, wenn Sie auf seinem Rücken sitzen. Alles über ihm, hinter und vor ihm, dicht dran und weit entfernt, sollte ihm vertraut sein - aus einem vielfältigen Repertoire alltäglicher Bewegungen und Handlungen. Öffnen Sie Ihren Reitersitz, d.h. reiten Sie mit beweglichem und nicht festgestelltem Hüftgelenk und klemmen Sie auch nicht mit den Oberschenkeln am Pferd. Dafür können Sie üben, die Oberschenkel abwechselnd immer wieder neu gegen den Sattel zu legen. Ziehen Sie nicht am Zügel - das Gefühl, von hinten festgehalten zu sein, löst im Pferd Angst aus.

Setzen Sie die Hände auf, fassen Sie in den Halsriemen oder bei genügender Zügellänge in den Sattelriemen und reiten Sie frisch voran in ein energisches freies Tempo hinein. Beruhigen Sie das Pferd dabei mit der Stimme oder ermuntern Sie es - je nach Gefühlslage, aber drohen Sie ihm nicht. Reiten Sie geradeaus, wenn es schon losgebuckelt hat, es braucht Platz, um sich zu entstören, und eine Reithalle von 20 x 40 m ist immer ein enger Raum für ein Pferd.

Wenn es nur Zeichen gibt, daß es gleich buckeln könnte, können Sie über das Reiten von Seitengängen und Wendungen die Verbindung von *einer* Hinterhand zum Genick vermehrt abfragen, das Pferd dadurch an seine Tragkraft erinnern und seine Konzentration zurückgewinnen. Sitzen Sie das Buckeln schwer aus, wenn Sie es beenden wollen. Außerdem sitzen Sie so

*Mit einem dosierten und wiederholten Biegetraining holen Sie Ihr Pferd an die Hilfen.
Foto: Archiv von der Sode*

sicherer. Begeben Sie sich mit dem Oberkörper eher etwas hinter die Schwerlinie als davor. Sie machen es dem Pferd dadurch schwerer, die Hinterhand und den Rücken hochzuwerfen und zu verdrehen.

3. Bei Rückenschmerzen

Wenn Ihnen das Pferd aus dem Trainingsalltag bekannt ist und eines Tages plötzlich anfängt zu buckeln, liegt das wahrscheinlich daran, daß es Rückenschmerzen bekommen hat. Oft werden auf großen und mächtigen Pferden große und schwere Reiter plaziert. Das ist nur bedingt richtig. Pferde mit einem Stockmaß über 168 cm haben oftmals mit ihrem eigenen Körper in bezug zur Schwerkraft so große Koordinationsschwierigkeiten, daß sie es nicht schaffen, mehr als 70 kg Reitergewicht auszubalancieren. Sie als Reiter sollten sich also zu einer sehr guten Balance hin schulen (lassen) und Ihre Kreuz- und Gewichtshilfen nur zeit- und andeutungsweise betonen. Auch kleine, zarte Reiter mit nicht so guter Balance können beim Pferd Rückenschmerzen auslösen. Pflegen Sie das Fundament Ihres Pferdes über artgerechte Haltung, halten Sie seine Hufe und Gelenke bewegungsbereit und elastisch. Wie immer sollte das Sattelzeug gut passen, Sie können jedoch ein Gelpad guter Qualität oder ein Kautschukpad o.ä. zwischen Satteldecke und Sattel legen. Die betroffenen Pferde zeigen sich dann oft erleichtert und befreit im Bewegungsablauf. Natürlich nur, wenn Sie keine piksenden Heuhalme unter der Satteldecke lassen oder eine Talgdrüsenentzündung oder eine Bißwunde auf dem Rücken übersehen haben.

Alte Pferde kündigen eine chronische oder punktuelle Überbelastung dadurch an, daß sie plötzlich losbuckeln. Unser „Moritz" ist bei feuchtem, nassem Wetter ungenießbar. Er wird an solchen Tagen von guten Reiterinnen 10 bis 15 Minuten gezielt und energievoll geritten und an anderen Tagen völlig in Ruhe gelassen. Wenn meine Schulpferde anfingen zu buckeln, weil sie nach Jahren der Belastung von täglich zwei bis drei Stunden und wechselnden Reitern rückenmüde wurden, habe ich ihnen vier bis

*Wendungen im Labyrinth erfordern Konzentration und Zusammenarbeit zwischen Pferd und Reiter.
Foto: Archiv von der Sode*

sechs Monate Weideruhe ohne Reiten gegönnt. Danach werden sie mit einem Schutzvertrag in sehr gute Hände „hinters Haus" gegeben. Dort haben sie sich wieder erholt und sind noch mindestens zehn Jahre unter anderer und leichterer Belastung geritten worden - ohne Buckeln.

4. Es bockt durch falsche Haltung und Fütterung

Völlig unnötigerweise kann es sein, daß Ihr Pferd buckelt und bockt, weil es seinem Grundbewegungsbedürfnis nicht nachkommen kann. Bei vielen Pferden entsteht ein Energiestau, der sich im Buckeln löst, wenn Ihr Pferd z. B. einen Stehtag hat, an dem Sie es nicht besuchen und es aber auch nicht frei laufen lassen dürfen. Oder Hallenzeiten, die sich nicht mit Ihrer Freizeit decken, sowie ein Verbot des Longierens zwischen anderen Pferden. Oder wenn Ihre Zeit die Arbeit mit dem Pferd nicht zuläßt oder die Bodenverhältnisse gerade ungeeignet sind. Vermeiden Sie solche Ställe! Suchen Sie sich einen Stall, in dem Ihr Pferd auch im Winter täglich wenigstens in der Halle frei laufen kann und/oder in einen Paddock gebracht wird. Ihr Pferd braucht die Wetterreize - auch für seine Lunge und den Stoffwechsel -, vor allen Dingen braucht es freie Bewegung. Kein ausgeglichenes Pferd gefährdet an der Longe oder beim Freilaufen und schon gar nicht auf der Weide sich und andere Pferde. Zudem sollten Sie sich das Reiten auf einem neurotischen und unausbalancierten Pferd abgewöhnen. Sie bringen sich und andere dabei in Gefahr und verschleißen Ihr Pferd. Ein zweiter Faktor nicht artgerechter Haltung ist die unausgewogene Fütterung. Es kann sein, daß Ihr Pferd explodiert, weil es „der Hafer sticht". Eine Einheitsfütterung unter 20 bis 40 Pferden kann es nicht geben, besonders dann nicht, wenn im Stall viele Rassen und Arten vertreten sind. Als Faustregel gilt: Füttern Sie Heu (manche Pferde vertragen auch Heulage sehr gut) und nur soviel Gras und Kraftfutter wie nötig.

Dabei sollte Ihr Pferd nach Augenmaß und unter dem Reitgefühl - glänzend,

*Zirkuslektionen bringen Abwechslung in die Monotonie des Trainingsalltags. Hier der 22jährige „Togo" beim Kompliment.
Foto: R. Kröncke*

schier, bewegungsbereit und elastisch sein. Einem heruntergekommenen Pferd sollten Sie einige Monate Zeit lassen, seine Futterverwertung zu zeigen. Ein explosives oder steifes überfüttertes Pferd sollten Sie sofort auf halbe Ration setzen. Rechnen Sie dann aber bitte dem Stallmeister nicht vor, daß Ihr Pferd weniger frißt und Sie daher weniger bezahlen möchten. Bei differenzierter, individuell angepaßter Fütterung und Streu kann ein Preis nur im Schnitt errechnet werden. Vielleicht hat Ihr nächstes Pferd ja auch den doppelten Bedarf.

5. Es bockt durch falschen Trainingsaufbau

Es gibt Pferde, die selbst bei artgerechter Haltung und angemessener Fütterung beim Reiten bocken. Hier liegt die Ursache häufig in einem falschen Trainingsaufbau.

a) „Verhaltenheit erzeugt Widersetzlichkeit."
Viele Pferde werden mit angezogener Handbremse geritten. Sie verhalten sich dann gebremst oder werden sogar faul genannt. Erhalten Sie sich am Anfang und am Ende einer Reiteinheit Freiräume. Reiten Sie Ihr Pferd einerseits in dem von ihm angebotenen Tempo und andererseits im forcierten Tempo mit leichtem Sitz und leichter Hand. Manche Pferde trauen sich gar nicht mehr, mit Reiter vorwärts zu laufen. Sie müssen es neu erlernen, sonst kommt es irgendwann zur Explosion und sie buckeln einher.

*Eine kleine Pause bringt Pferd und Reiter wieder zur Ruhe zurück.
Foto:
Archiv von der Sode*

b) ”Monotonie erzeugt Resignation.”
In sechs bis acht Monaten Hallenzeit können Sie nicht einhernudeln. Veranstalten Sie einen abwechslungsreichen Wochenplan, mit Reiten, Bodenarbeit, Longenarbeit, Springen mit oder ohne Reiter, Einüben von Zirkuslektionen etc. Auch sollten Sie auf Überlastung im reiterlichen Training achten. Die Gangart „Schritt" ist für die Pferde unter dem Reiter sehr anstrengend. Schritt in Anlehnung am Zügel sollten Sie nur in sehr kurzen Reprisen reiten. Für viele Pferde ist der Galopp in der Bahn oder Halle beängstigend, weil sie nicht balanciert und elastisch genug sind, um in „hoher Fahrt" dauernd abzubiegen. Warten Sie, bis das junge Pferd den Galopp anbietet. Respektieren Sie es, wenn Ihr altes Pferd in der Bahn nicht galoppieren will. Bringen Sie Ihren Pferden aufmerksam und achtsam das Laufen wieder bei - dann brauchen Sie nicht mehr mit einem Bocken zu rechnen.

6. Schön, sinnvoll, angenehm

Zum Schluß möchte ich Ihnen erklären, wann ein Buckeln beim Pferd schön, sinnvoll und angenehm ist. Gehen Sie bitte davon aus, daß ein Pferd unter dem Sattel und dem Reiter erst wieder neu lernen muß, den Rücken zu stützen und hochzubringen. Im Reflex senkt es die Wirbelsäule unter Belastung natürlich erst einmal ab. Zusätzlich ist es in seiner Rückenmuskulatur das Tragen von Gewicht nicht gewöhnt. Ungewohnte Hilfen und Einwirkungen verunsichern es. Bei Ängstlichkeit nimmt das Pferd die sogenannte Fluchthaltung ein. Dabei ist der Rücken abgesenkt, und das Gewicht schiebt sich nach hinten.

Gehen Sie jetzt davon aus, daß Sie einen ordentlichen Trainingsaufbau haben und ein gelassenes und angenehmes Betriebsklima beim Reiten. Ihr aufmerksames, bewußtes Pferd versucht jetzt mitzutun und seinen Rücken hochzubringen, während es seinen Hals fallen läßt. Meistens regelt es das schon bei der Longenarbeit. Stören Sie es nicht, wenn es in schönen runden Sprüngen einherbuckelt. Halten Sie die Hand passiv und ruhig und treiben Sie Ihr Pferd nach vorn. Auch beim Reiten kann diese Situation entstehen. Das Pferd möchte Sie nicht abwerfen, und bei genauem Hinsehen fühlt es sich für Sie auch nicht so an. Hinterhand und Genick stehen in reitgerechter guter Beziehung zueinander.

Das Pferd versucht mit seinem Buckeln Restspannungen in der Wirbelsäule zu lösen und den Rücken besser hinhalten zu können. Das ist in Ihrem Sinne. Überarbeiten Sie daher Ihre eigenen Angstreaktionen. Verhalten Sie sich im mitgehenden oder nachfolgenden Sitz passiv und begleitend und wirken Sie nicht mit der Hand rückwärts, sondern nach vorne ausfühlend ein. Entwickeln Sie reiterlich ein Vorwärts zum Erinnern an vortreibende Hilfen und die Schubkraft oder ein Seitwärts zur Erinnerung an die seitwärtstreibenden Hilfen, und ziehen Sie jeweils ein Hinterbein zum Tragen heran. Lernen Sie den energievollen Schub aus der Hinterhand kennen und einen kraftvollen schwingenden Rücken des Pferdes. Sie werden sich dann an das Hochrunden des Rückens gewöhnen, welches das Pferd nicht einsetzt, um Sie abzusetzen. Sehen Sie es als einen Meilenstein auf dem Ausbildungsweg des energievollen, mitdenkenden Pferdes.

VII. DURCHGEHEN

Der Gaul ist ein Durchgänger!

Es ist für Sie nicht so schön, wenn Sie ein Pferd haben, das ein Durchgänger ist. Manche von ihnen rennen gegen Wände, Barrikaden und andere Pferde. Ich hatte mehrere Male Durchgänger in meinen „Problempferde-Kursen", deren besondere Angewohnheit es war, vom Arbeitsplatz abzuhauen. Nun finden diese Kurse im Winter meist in einer Reithalle statt. So verließen diese Pferde nach wenigen Minuten die Reithalle, in zunehmend schnellem Galopp, über die geschlossene Bandentür hin zu ihrem Stall - wohlgemerkt: mit Reiter!! Diese Reiter waren meist schon längst nicht mehr die Besitzer, sondern wagemutige junge Studenten, die auf diese Weise „umsonst" zu einem Pflegepferd gekommen waren. Ich jedoch finde diesen Einsatz - auch „umsonst" - zu hoch. Diese jungen Menschen riskierten ihr Leben und das Leben anderer Leute, Schäden an Autos etc. Richtig lagen die Pfleger mit ihrem Instinkt dafür, daß die besagten Pferde im Grunde gutartig und kontaktbereit waren. Irgend etwas in den Pferden ließ bei ihnen jedoch die „Sicherungen durchbrennen" - wohlgemerkt: nur am Arbeitsplatz. Intelligent und couragiert war es außerdem, dann zum „Problempferde-Kursus" zu kommen, oft belächelt von der Sorte der Konservativen, die die Pferde einteilen in: sie funktionieren oder sie funktionieren nicht. Für die Sicherheit des Reiters und anderer Verkehrsteilnehmer kann

Dieser Galopper ist auf fünf Beinen zwar sehr bodensicher, jedoch vom Reiter fast nicht mehr zu halten.
Foto: N. Franke

es eigentlich nur folgenden Weg geben: die Ursache für das Problem „Durchbrennen" herausfinden und bei Pferd *und* Reiter auflösen. Die Situationen, in denen das Pferd durchgeht, nicht mehr reiterlich passieren bzw. sich *natürlich* von seinem durchgehenden Pferd trennen. Der Käufer wäre dabei wieder über einen „alternativen" Kaufvertrag, der die Neurosen des Pferdes beschreibt und berücksichtigt, geschützt.

Profitip:

1. Durchgehen wegen mangelnder reiterlicher Grundausbildung

In Israel ritt ich den Angloaraberhengst „Sar". Er stand artig und selbstbewußt im Kreise seiner Stuten und Fohlen auf einem teilweise überdachten Gelände. Ich gab Unterricht mit den Stuten und hatte mich insofern emporgearbeitet. „Sar" wurde eigentlich nur von zwei jungen Männern aus dem Kibbuz geritten und das unregelmäßig und selten. Er sah wunderschön aus - energievoll und dabei gutartig -, und so wollte ich ihn reiten. Auf meine Nachfrage hin erhielt ich ein Feixen, nicht nur von den reitenden jungen Männern, sondern auch von den nicht reitenden: „Du wirst ihn nicht einmal auftrensen können!"

„Es gibt kein Pferd, das ich nicht auftrensen kann!" entgegnete ich.

Dieser denkwürdige Dialog ist 25 Jahre her. Achtsam trenste ich „Sar" vor aller Augen auf und zog mit meinen Reiterkindern auf den Stuten zu einem ruhigen Ausritt davon. Von den Männern gab es beifällige Blicke und von den Kindern ein begeistertes: „Hast du das gesehen...!" Wenn „Sar" beim Aufsitzen schon fünf Meter vorangaloppierte, hüpfte ich eben auf einem Bein mit und war dann oben. *Weil* der Hengst eben insgesamt einen außerordentlich klugen und gutartigen Eindruck machte, war bei mir kein Problembewußtsein geweckt. Das war ein Fehler! Am nächsten Tag ritt ich „Sar" alleine aus. Auf einem wunderschönen kilometerlangen Feldweg galoppierte ich an. Die Landarbeiter auf ihrem Weg zu den Obstplantagen fuhren im offenen Jeep mit fröhlichem „Shalom" und beifälligen Blicken an mir vorbei. Das war ungefähr der Zeitpunkt, als das Pferd anfing, mir die Hand zu nehmen. Sein Galopp wurde von Sprung zu Sprung energievoller, raumgreifender und auch schneller. Das Pferd fühlte sich weiterhin wundervoll und rhythmisch an und war sicherlich voll bei Sinnen und durchaus gelassen. Ich jedoch fing an zu überlegen, denn es war offensichtlich, daß „Sar" den Galopp allein gestalten wollte und mir jedwede Einwirkungsmöglichkeit genommen hatte. Von der Hand zum Pferdemaul hatte ich über-

haupt keine Reaktion mehr. Notparaden kamen nicht durch. „Sar" war für diese Art Hilfengebung im Maul nicht mehr enerviert und hatte ja eh keine Lust anzuhalten. Ich hatte noch ungefähr 800 Meter Zeit und Platz, bis ich auf eine quer verlaufende kleine Landstraße treffen würde, die manchmal von Autos befahren wurde. Es sah gerade nicht so aus, als ob Autos kommen würden. So trieb ich „Sar" voran, um ihn wieder an die treibenden Hilfen zu bekommen und hielt ihm gleichzeitig das Genick deutlich höher. Das alles im sausenden Galopp. Langsamer bekam ich ihn dadurch nicht, aber wieder lenkbar. Immerhin konnte ich nun schon wieder die Richtung bestimmen. Das war mir sehr wichtig, denn auf dem Weg nach Hause mußte ich die sehr stark befahrene Straße von Afula nach Haifa überqueren. Lenkbar waren wir jetzt. Durch das Vorantreiben beim Durchgehen hatte ich „Sars" Aufmerksamkeit am Sitz wieder. Er verlangsamte sein Galopptempo allerdings keine Spur. Die Landstraße kam näher und näher, aber es war kein Auto in Sicht. Hinter der Landstraße verliefen die Obstplantagen, in denen gerade Äpfel und Apfelsinen gepflückt wurden. Mit der Klugheit des Hengstes rechnend, setzte ich ihn im Renngalopp über die Asphaltstraße in die Plantagen hinein. Tatsächlich! Er ließ sich aufnehmen und hielt nach etwa 50 Metern an. Die Plantagenarbeiter hatten ihren Spaß gehabt und feixten wieder beifällig. Mit einem „Sorry" in alle Richtungen ritt ich dann im Schritt am hingegebenen Zügel nach Hause.

Im Grunde fehlte „Sar" jede reiterliche Grundausbildung. Seine „Reitbahn" war das Gelände, in dem er aus-

*Ein Friesenhengst auf der Weide.
Foto: D. Schneider*

*Im „Spanischen Schritt" auf dem blanken Pferd wird „Togo" von Regina erzogen. Er muß sich konzentrieren und darf sich dabei zeigen.
Foto: N. Franke*

geritten wurde. Erste Zeichen gab es schon beim Auftrensen und Aufsitzen. Die Westernstange einzusetzen, auf die er gezäumt war, hätte einer eher langen Vorbereitungs- und Ausbildungszeit bedurft. Statt dessen wurde das Problem eher dadurch verschärft, daß das Pferd einen Weg gefunden hatte, die Gebißeinwirkung auszublenden. „Sar" wurde zusätzlich durch den Machismo seiner anderen Reiter und Besitzer gestützt. Er war eben in seiner Berühmtheit und Unbezähmbarkeit angesehen. Nach drei Jahren hatte ich große Lust, dieses stolze Pferd mit nach Hause zu nehmen, er jedoch war glücklich dort, wo er war. Eine solide reiterliche Grundausbildung hätte ihn umgänglicher gemacht.

2. Durchgehen wegen eines schlechten Körperbildes

Ich erwähnte schon einige Pferde, die nach kürzester Zeit die Reithalle mit Reiter über die Bande hinweg verließen und dann im gestreckten Galopp zum Stall fegten. In manchen Fällen war ein unvollständiges Körperbild und dadurch entstandene Panik die Ursache für das Durchgehen. Als das Körperbild erweitert wurde, konnte das chronisch fixierte Durchgängertum deutlich reduziert bzw. umgelernt werden. Als erstes erinnere ich eine Welsh-B-Palominostute. Ein Schautyp. Ein Barbiepferdchen, hyperedel und wunderschön mit elegantestem, etwas stechendem Bewegungsablauf. Sie sauste mit und ohne Reiter panisch los, wenn die Steigbügel an der Seite herabgelassen waren. Ursprünglich war sie beim Einfahren mit der Kutsche durchgegangen. Häufiger hört man bei durchbrennenden Pferden diese Geschichte

vom mißlungenen Einfahren. Auch bei Trabern habe ich diese Panik vor Geschirr und Sulky teilweise vorgefunden. Das nächste Pferd war eine 18jährige Hannoveraner Rappstute, die auf einem Auge blind war. Auch sie war extrem körperempfindlich und seit der Erblindung ein gefährlicher Durchgänger. Letzten Sommer kam ein Fuchswallach zu meinen Kursen, der auf den ersten Blick einen pompösen, guten, soliden Eindruck machte. Er hatte ein tolles Gebäude und dazu einen passenden, stolzen Kopf. Eigenartig dazu waren Verhalten und Habitus. Er schlurfte mit letzter Kraft durch die Bahn, bis er den Zeitpunkt, die Bahn zu verlassen, spontan selbst bestimmte. Es gab nur wenige Hinweise auf die Ursache seines Verhaltens: Er hatte „den Blick an uns vorbei" und tiefe Kuhlen um die Augen, dazu hohe Wülste auf der Stirn. Die Hufe waren beschlagen und machten einen wehen Eindruck. „Franz" war ein gerettetes Schulpferd und "so" fand er das Reiten furchtbar. Um ihn für seinen Arbeitsplatz zu interessieren, mußte er seinen Körper neu kennenlernen und als angenehm erfahren. Um seinen Geist mit einem „guten" Stolz zu erfüllen, bekam er an der Hand und unter dem Reiter den spanischen Schritt beigebracht. Außerdem wurde er ab und zu gebißfrei gejuxt bzw. spielerisch geritten. Die Besitzerin wurde darüber aufgeklärt, warum ihrem Pferd wohl die beschlagenen Füße und die Beine wehtun und der Schmerz in den Kopf und in den Rücken abstrahlt. Sie bekam die Empfehlung, ihr Pferd in einen Offenstall umzustellen und es an das Barfußlaufen zu gewöhnen. Denn sicherlich war „Franz" leidend und ebenso deutlich ansteigend an der Zusammenarbeit auf der neuen Basis interessiert. Im Grundsatz arbeite ich alle Durchgänger nach demselben Schema: Die Vervollkommnung des Körperselbstbildes erhöht das Selbstwertgefühl und weckt beim Pferd damit Lust auf reiterliche Aufgaben. All diese Pferde wurden am ganzen Körper angenehm und einfühlsam angefaßt und berührt. Dadurch erfährt das Pferd über sein Nervensystem, wieviel Raum es einnimmt, und ihm wird wohlig in seiner Haut. Über die Arbeit am Langzügel, mit dem Fahren vom Boden und mit Körperseilen wird diese Erfahrung über Materialien ausgetauscht. Dann wird so geritten, daß das Pferd diese Gefühlswelten wiedererkennt - nämlich rhythmisch und mit leichter Hand, sowie in positiver Stimmung ohne zu drohen oder zu moralisieren. Bei einem Pferd mit guter Grundbalance können Sie das Durchgehen mangels Körpergefühl so aus der Welt schaffen. Beim hyperaktiven Pferd, dem Schautyp, bleibt immer zu beachten, ob sich das Pferd überhaupt sammeln und konzentrieren will. Dieser Typ ist schwer zur Ruhe zu bringen und wird dann auch leicht rückfällig. Ohne Körperarbeit kommen Sie jedoch überhaupt keinen Schritt weiter.

3. Durchgehen als angelerntes Fluchtverhalten

Ich kaufte mir meine wunderschöne Vollblutstute „Mitanni". Sie war schneeweiß am ganzen Körper. Sie hatte ein herrliches Gesicht, einen runden Hals und einen runden Hintern - ein Traumpferd. Sie war auf Stoppelfeldern rennbahnmäßig trainiert und daher zu 100 Prozent verkehrs- und geländesicher. Sie galoppierte auf fünf Beinen durch jede Unebenheit und reagierte selbständig auf jede Vertiefung im Boden. Es war für mich das Schönste, täglich mit „Mitanni" über die Stoppelfelder zu galoppieren. Nur sie und ich und mein Hund. Es war das herrlichste Reitgefühl, und sie blieb jederzeit vollständig dirigierbar. Eines Tages führte ich auf „Mitanni" einen Ausritt in der Gruppe an. Der Ritt war bis zur Galoppstrecke wunderbar. Diese war kilometerlang, und „Mitanni" kannte sie nicht. Kurz nach dem Angaloppieren zog „Mitanni" im Renngalopp davon. Sie war sehr bodensicher und nicht panisch. Aber überhaupt nicht anzuhalten. Angespornt wurde sie von dem im großen Abstand hinter ihr galoppierenden Pferd. Sie wunderte sich kein bißchen, als unser Weg mehrfach in 90-Grad-Winkeln abbog, und kam erst zum Stehen, als wir auf einer Asphaltstraße entlangpesten und ich ihr mit der flachen Hand aufs Ohr schlug, um sie zu irritieren. „Mitanni" hatte unsere Situation mißverstehen wollen. Die hinter ihr galoppierenden Pferde hatten ihre Spezialität zum Vorschein gebracht, einen angelernten Fluchtgedanken mit Reiter umzusetzen. Mit "Mitanni" habe ich weiterhin meine Einzelgalopps gemacht und die Situation vermieden, sie an die Rennbahn zu erinnern. Andersherum wird auch ein Schuh daraus. Wenn ich einem Pferd beibringen will, in der Gruppe zu galoppieren, übe ich das nicht rennbahnmäßig ein - „auf die Plätze, alle los", sondern denke entgegengesetzt. Da ich die Vorliebe der Pferde für Wettrennen einkalkuliere, lasse ich vorwiegend von zu Hause weg galoppieren, auf einen Wald oder eine andere Begrenzung zu. Ich lasse in einer Reihe galoppieren, mit wechselnden Plätzen für jedes Pferd. Wundervolle Galoppstrecken lasse ich mehr als doppelt und dreimal so oft im Schritt am hingegebenen Zügel abreiten. Wenn meine Ponyclubkinder dann entgegen jeder Absprache alle nebeneinander auf dem Stoppelfeld nach Hause galoppieren (ich weiß schon seit 25 Jahren, daß sie es alle immer wieder tun), dann gehen meine Pferde bei dem einen abgetrotzten Mal nicht durch. Genauso könnten Sie also Ihrem Pferd beibringen, es nicht zu tun. Junge Reiter lasse ich ihre ersten Galoppversuche hoch und runter entlang des Weidezaunes machen. Erfahrene Reiter müssen immer in einem Bogen rund um die Weide traben und galoppieren, und zwar hintereinander und auch in entgegengesetzter Richtung. Einem Pferd das Durchgehen beizubringen, ist also unnötig, jedoch weit verbreitet.

4. Durchgehen aus Angst vor dem Reiter

a) Viele Durchgänger haben eine panische Angst vor der Reiterhand. Sie wehren sich dann nicht einmal mehr dagegen, sondern gehen einfach nur auf und davon. Diesen Vorgang bezeichnet man auch als „gegen die Hand gehen" oder „pullen". Selbst mit der Notparade kommen Sie nicht mehr durch. (Bei der Notparade setzen Sie die zumeist innere Hand tief auf der Pferdeschulter auf, während Sie mit der anderen Hand aus dem Ellenbogengelenk kraftvoll und rhythmisch annehmen und nachgeben. Dabei kommt auf beide, oft sehr kurze Zügel viel Zug.) Wenn Ihr Pferd also gegen die Notparaden an davonstürmt, haben Sie es mit einem

klassischen Durchgänger zu tun. Wenn mir ein solches Pferd vorgestellt wird, schaue ich zuerst nach, ob das Sattelzeug paßt und sitzt und ob das Pferd mit der gewählten Sattelung und Zäumung energievoll, frei oder angstvoll und klemmig läuft. Wenn die Balance vom Pferd mit Reiter schlechter ist als ohne Reiter, kann das für ein Pferd auch angstauslösend sein. Grundsätzlich schnalle ich in diesem Fall jedoch das Gebiß eher hoch, und auch den Nasenriemen - englisch, aber eng - schnalle ich hoch. Jetzt kann das Pferd frei atmen, und ich kann gezielt einwirken. Fast immer aber wechsele ich das Gebiß in ein Pelham oder eine Springkandare, jeweils mit kurzen Anzügen. Die meisten Pferde reagieren überrascht, positiv und interessiert. Sie machen wieder mit, da sie eine bessere Balance finden und wir dabei mehr Eindruck hinterlassen, d.h. zum Genick besser durchkommen. Oft ist es sinnvoll und sehr erfolgreich, Durchgänger auf gebißfreies Reiten umzuschulen.

Die Enervierung im Maul ist durch zu starke, oft falsche Einwirkung chronisch gestört. Das Pferd schaltet im Gehirn ab und kann nicht mehr mitdenken. Gebißfreies Reiten erzieht zur gegenseitigen Toleranz und bildet ein neues Vertrauen zwischen Pferd und Reiter. Als Zäumung verwende ich im umzäunten Areal Halfter oder Reithalfter, merothische Zäumung, Bosal, Lindel oder - als schärfere Variante - die mechanische Hackamore.

b) Auch vor dem Sitz des Reiters kann ein Pferd Angst haben. Wenn die schlechte Balance des Reiters ihn dazu veranlaßt, sich am Sattel festzuklemmen, vornehmlich mit den Oberschenkeln, aber auch mit den Unterschenkeln, während er das Becken feststellt, löst das bei vielen Pferden Angst aus. Es fühlt sich eingeengt. Stellen Sie sich vor, Sie wollen loslaufen und von hinten hält Sie permanent jemand fest. Eine Möglichkeit festzustellen, ob das Pferd vor dem Sitz des Reiters wegläuft, ist, es unter einem gut balancierten Reiter zu beobachten. Kann dieser das Pferd dann „am Sitz halten", sollten Sie umlernen. Sie sollten also Ihren Sitz öffnen und balancierte Grundsitzarten erlernen.

c) Vielen Pferden, die sich zum Durchgänger entwickelt haben, fehlte an erster Stelle die solide Grundausbildung. In dieser wird dem Pferd im Kontakt zwischen Herz und Hirn erst einmal begreiflich gemacht, was wir von ihm wollen. Wir bauen also einen Wissensschatz, eine Kommunikationsreihe zwischen Pferd und Reiter auf und fragen diese unter Berücksichtigung von Wachstum und Reifungsprozessen ab. Hochgradig mißtrauisch bin ich dementsprechend gegenüber allen vierwöchigen Kurzausbildungen, inklusive Auktionsvorbereitungen. Einige Händler der Billigpferdevertriebe wollten mir gerittene Pferde vorstellen, die sie zu dritt nicht auftrensen konnten. Von der Kundenseite aus gesehen: Viele Kinder (und sogar Erwachsene) bekommen ein ungerittenes oder verrittenes Pony oder Pferd geschenkt. „Nun, bitteschön, freu Dich und sieh zu!" - „A terrible blessing" (ein furchtbarer Segen), sagt man in England dazu. Ein Pferd als Geschenk taugt in den meisten Fällen nicht, wenn Ausbilder und Ausbildung nicht auch umgesetzt werden können. Sonst überfordere ich nicht nur den Beschenkten, sondern auch das Pferd.

d) Ich habe regelmäßig Schulpferde mit Fremdreitern zu besetzen. Dadurch stellt sich mir die Aufgabe, Pferd und Reiter so zu kombinieren, daß der Reiter sicher aufgehoben ist und dazulernen kann, während sich das Pferd passabel genug wohlfühlt und nicht allzusehr verdorben wird. Seinen Kenntnisstand halte ich mit Korrekturberitt und seine Stimmung durch die Zusammenarbeit mit mir und mein Lob hoch. Den Reiter setze ich nie auf Pferde, die er nicht mag. Er wird seine Gründe haben. Ich halte also nichts davon, daß sich jeder Reiter auf jedem Pferd zurechtfinden muß. Das gilt nur für den Profi. Wenn ich dieses Können und die verschiedenartigen Einfühlungsvermögen jedem Reiter abverlange, produziere ich zuviele neurotische Pferde und auch zuviele Gefahrenquellen.

Wenn ein Pferd seinen Reiter energetisch nicht leiden kann, bricht es auf Dauer aus der Zusammenarbeit aus. Wenn ein Reiter sein Pferd langandauernd und einseitig belastet (z. B. wenn sein Repertoire nicht mehr Variationen hergibt), führt das oft zum Widerstand des Pferdes, z. B. Durchgehen oder Scheuen. Wenn ein Reiter Panikstimmung verbreitet, färbt das auf manche Pferde ab. Ein Pferd, das sich leicht zum Durchgehen verleiten läßt, braucht also einen mental sehr starken und disziplinierten Reiter. Zusätzlich ist der Atemtechnik des Reiters dabei sehr große Bedeutung beizumessen. Chronisch verflachter Atem, so als wären wir ständig in Panik, braucht sich mit unserer derzeitigen Verfassung gar nicht zu decken. Das Pferd jedoch

*Alle Pferde dieser Reitgruppe machen sich gemeinsam einen Spaß daraus durchzugehen.
Foto: Archiv von der Sode*

kann diese Information aufnehmen und in eine Fluchttendenz umsetzen. Entsprechend kann der Reiter an der Atmung des Pferdes seine Streßkonditionierung erkennen, lange bevor es tatsächlich scheut oder durchgeht. Es gibt einen Menschentyp, der in sich etwas gequirlt (quirlig) ist, ohne es zu wissen. Ich habe diesen Typus öfter bei Dressurreiterinnen beobachtet, wenn deren Pferde besonders aufgereizt und dadurch ausdrucksstark liefen. Und auch bei meinen Ponyreitern gibt es Kinder, die jedes Pferd über sein normales Tempo hinaus anheizen können und Pferde leicht zum Durchgehen bringen. Demgegenüber gibt es unter Jungen und Mädchen, Männern und Frauen, Profis und Amateuren in sich gesammelte, ruhige, heitere Typen, bei denen sich jedes Pferd konzentriert und gern mitmachen möchte. Das sind dann meine Korrekturreiter für verwirrte Pferde, weil ich ihre Ausstrahlung als Hilfsmittel einsetze.

5. Durchgehen aus reinem Quatsch
Irgendwo spukt es und die Pferde spuken mit. Dieses Abhauen läßt sich, je nach den Möglichkeiten des Reiters, nach 50 bis 100 Metern wieder abfangen. Es kann von der Aufregung des Reiters herrühren, von Über- oder Unterforderung. Es ist nicht ernsthaft und kein Grund, ein Pferd nicht zu kaufen. Aber Sie sollten Ihren Trainingsplan überdenken. Ein ausgearbeitetes Pferd gibt seine Energie in der Regel in die Arbeit und sein Spiel in die Freizeit. Überlegen Sie weiterhin Ihre Möglichkeiten von Sitz und Einwirkung, um ein Pferd anzuhalten. Haben Sie es wirklich versucht?

VIII. AUSSCHLAGEN

Der Gaul macht nicht mit, weil er ausschlägt!

Ich war sieben Jahre alt, als ich die Box meines Lieblingsschulponys „Schecki" betrat, das zusammen mit einem anderen Pony gerade fraß. Die Ponys waren von vorn gefüttert worden, aber in die Box hinein mußte man von hinten gehen. Ohne irgendeine Ankündigung schlug die kleine Stute aus, traf mich irgendwo hinter dem Ohr, ich machte einen unfreiwilligen Salto in die Boxenecke und blieb dort bewegungsunfähig einige Zeit liegen. Ich glaube, ich habe die Box daraufhin nie mehr unangeleitet und unbeaufsichtigt betreten.

Als ich ungefähr zwölf Jahre alt war: Zu der Zeit standen in großen Ausbildungsställen häufig sowohl Beritt- als auch Schulpferde noch in Ständern. Man drückte mir das Sattelzeug in die Hand mit der Anmerkung: „Vorsicht, dieses Pferd schlägt beim Satteln aus." Gefahrenbewußt war ich ja nun schon und im Umgang mit Pferden erfahren. Mit dem Stolz und der Disziplin einer 14jährigen Amazone für den Turniersport habe ich den Auftrag gern, geschickt und widerspruchslos ausgeführt.

Als ich ungefahr zwanzig Jahre alt war: Rechts und links waren Ständerreihen, dazwischen eine sehr breite Stallgasse, wie in alten Traditionsställen häufig üblich. Etwa 15 Meter vor mir ging ein Mann, ein Pfleger o.ä. Gezielt schlug eines der Pferde aus dem Ständer aus, traf den Mann am Kopf, und er war sofort tot. Sicherlich war zwischen dem Mann und diesem Pferd etwas vorgefallen, verhältnismäßig war die Rache jedenfalls nicht. Außerdem hätte es irrtümlich auch mich treffen können. Ich lebe im Umgang mit Pferden nach der Devise: „Sie beißen vorne, sie treten hinten, und im übrigen trachten sie dem Menschen nach dem Leben." Aus dieser Maxime heraus unterrichte ich auch und bin damit sehr gut gefahren.

Schließlich deprivieren wir das Pferd völlig seiner naturgemäßen Lebensform und Umgebung. Überwiegend wird es dann verwahrt, benutzt und ausgebeutet. Wir geben ihm recht wenig zurück. Jedenfalls nicht viel von dem, was den Bedürfnissen seiner Art entspricht. Wenn das Pferd in seiner natürlichen Umgebung in einen Engpaß gerät, aus dem heraus es nicht die Flucht nach vorn antreten kann, schlägt es unwillkürlich mit dem Vorderbein zu oder mit dem Hinterbein aus. Lieber würde es fliehen. Beim domestizierten Pferd ist das Ausschlagen eine Gefahrenquelle, mit der ich ständig rechnen muß.

Ich kann diese Gefahrenquelle durch Kommunikation mit dem Pferd, durch das Anbieten von möglichst artgerechtem, bedürfnisorientiertem Lebensraum und Arbeitsplatz, in dem sich das Pferd sicher fühlt, vorausschauend überwinden. Außerdem sollte jeder Reitschüler im Umgang mit dem Pferd beaufsichtigt und angeleitet sein. Der Umgang mit dem Pferd ist gefährlicher als das Reiten im umzäunten Areal selber.

"Augenblicke" zwischen Pferd und Reiter. Foto: Hipp

Profitip:

1. Fohlenreflex

Saugfohlen bis zum 8. Lebensmonat schlagen spontan, häufig, reflexartig und unkontrolliert aus. Erst stehen sie stumm und starr, beäugen und beschnuppern eine fremde Person oder Situation, dann quirlen sie katapultartig los und dabei passiert's. Das kann Ihnen auch passieren, wenn sie die Hand oder Faust auf die Kruppe oder gegen die Sitzbeinhöcker legen, um das Fohlen voran oder beiseite zu schieben. Ein ausgewachsenes Pferd, das nicht mehr in der Fohlenreife steckt, würde dann vorangehen bzw. ausweichen. Ein Fohlen moppt gern hinten hoch und heraus. Dieses Verhalten ist alters- und artgerecht. Zorn ist nicht angemessen. Richten Sie Ihren Umgang mit Saugfohlen und Absetzern darauf ein. Ich persönlich irritiere das Fohlen in den ersten zwei Lebenstagen bis hin zu drei Wochen lang nicht, um die Prägephase zwischen Stute und Fohlen nicht zu stören. Die Anleitung des Fohlens durch eine gut erzogene Stute ist wichtiger für das Fohlen als die Anleitung durch den Menschen. Insofern halte ich von den Imprint-Techniken direkt nach der Geburt des Fohlens nicht viel. Ich bin jedoch täglich anwesend. Ich selber und von mir benannte Kinder und andere Personen machen das Fohlen im ersten halben Jahr am ganzen Körper berührungssicher, bis hin zum beruhigten Aufhalftern und Aufheben aller Hufe. Nach dem Absetzen lasse ich die Fohlengruppe bis etwa zum zweiten Lebensjahr überwiegend in Ruhe und schirme sie insbesondere vor anderen Menschen ab. Die Rasselbande soll sich mit sich selber auseinandersetzen und aneinandergeraten. Natürlich weide ich um, verabreiche sechsmal jährlich Wurmkuren verschiedener Art und lasse regelmäßig Hufpflege von einem Schmied oder Hufpfleger mit einem besonderen Verhältnis zu Fohlen durchführen. Je nach Rasse und Art des Pferdes setzt dann zwischen dem zweiten und dritten Lebensjahr die an Menschen interessierte, kooperative Phase ein. Das Pferd möchte neue Aufgaben haben. Diese Zeit nutze ich in Intervallen von zwei bis drei Monaten für die Halfterführigkeit, das Anlongieren, erstes Anreiten etc. Die Bereitwilligkeit und Fähigkeit zum Nachdenken beim Pferd ist jetzt da. Bei sachgerechter Anleitung und Umgang mit dem Pferd braucht ein Ausschlagen nach Menschen ab jetzt nicht mehr vorzukommen.

2. Schlagen aus Futterneid

Ebenso natürlich ist es für ein Pferd, aus Futterneid heraus nach seinen Artgenossen zu schlagen. Dies ergibt sich aus der starken Hierarchie und Rangordnung in der Herde und sichert das Überleben der Stärksten. Diesem natürlichen Verhalten ist beim domestizierten Pferd in vielerlei Hinsicht Rechnung zu tragen, damit es nicht zu Unfällen kommt.

Beim Schlagen gegen die Boxenwände in den Futterzeiten großer Ställe können sich die Pferde selbst verletzen. Auch diesem Risiko möchte ich vorbeugen. Besonders freßgierige Pferde werden daher zuerst gefüttert. Insgesamt bleibt der Fütterungsvorgang in einer Hand und sollte zügig und unmittelbar durchgeführt werden. Mitten in der Fütterstunde sollten Sie also nicht ans Telefon gehen etc. - außer wenn der Hof brennt. Feste Fütterungszeiten braucht es bei mir nicht

Binden Sie Ihrem Pferd vorschriftsmäßig eine rote Schleife in den Schweif, wenn es nach anderen Pferden ausschlägt. Foto: B. Albrecht

zu geben. Die Natur sieht das auch nicht vor.

Allerdings eine Futtervielfalt, besonders im Hinblick auf die Verteilung von Rauhfutter, Saftfutter, Kraftfutter, Mineralstoffzusätzen. Hier sind wir der Natur mit unseren Monokulturen unterlegen. Ich achte darauf, ob die Pferde unzufrieden sind, weil sie nicht ausgeglichen ernährt werden. Vielfalt heißt nicht viel, sondern so wenig wie nötig.

Von Diäten und Nulldiäten bei Pferden halte ich jedoch überhaupt nichts. Ich habe nur Pferde gesehen, die davon depressiv oder irre wurden. Schwierig, aber nicht unmöglich ist es, die Pferde in der Offenstallhaltung zu füttern. Es ist zwar hygienisch, zentrale Futterplätze zu schaffen, aber für den Frieden unter den Pferden fast unmöglich umzusetzen. Ich bin also für Dezentralisierung, d.h. ebensoviele Heuhaufen, wie es Pferde gibt und so weit auseinandergelegt, daß jedes Pferd in Ruhe fressen kann. Da die Pferde nach einiger Zeit die Plätze untereinander tauschen, sollte die Offenstallgruppe aus gleichartigen Pferden bestehen, die in etwa mit derselben Futtermenge auskommen. Kraftfutter füttere ich dann unter dem Zaun hindurch, in einer langen Reihe und aus 20-Liter-Eimern, um dem Ausschlagen zu entgehen.

Dabei achte ich auf genügend Abstand zwischen den einzelnen Pferden und erlaube wieder dem Ranghöchsten, sich zuerst zu bedienen. Es nützt nichts, mit ihm zu hadern und zu moralisieren, weil er einem z. B. nicht gehört. Beim Füttern hat er einfach Vorrechte. Anders ist die Situation beim Einfangen auf der Weide und dem damit verbundenen Durchlassen durch ein Koppelgatter. Es handelt sich hierbei um eine Arbeitssituation. Wenn die Situation nicht zu 100 Prozent geklärt oder klärbar ist, nehme ich immer eine Gerte mit auf die Weide.

Auch hier möchte der Ranghöhere wahrscheinlich zuerst zum Arbeitsplatz. Ich halte ihm die Gerte vor, damit das rangniedrigere Tier unter meinem Schutz und Schirm streßfrei durch das Gatter gelangen kann. Beim Ausschlagen zwischen den Pferden beim Einfangen und am Gatter können wir auch selber getroffen werden. Diese Situation können wir allerdings vorausschauend aus der Welt schaffen. Dasselbe gilt beim Einfiltern in die Herde. Drohende und meckernde Zaungäste treibe ich erst einmal davon, damit sich das neue Pferd selber und in Ruhe der Herde anschließen kann. Eine Stallanlage sollte nach meiner

Auffassung immer so konstruiert oder umgebaut sein, daß die Pferde mit dem Gesicht zu uns stehen und von da aus gefüttert werden können. Uns können sie dann jedenfalls nicht treten, wenn ihnen danach wäre. Außerdem kommt man doch mal in die Situation, daß man den Fütterungsvorgang an andere delegiert.

3. Schlagen aus Kitzligkeit

Häufig ist die Ursache für das Ausschlagen eine extreme Kitzligkeit des Pferdes. Diese Pferde sind in ihrer Berührungstoleranz extrem übersensibel. Sie denken nicht, während sie schlagen und reagieren aus einem Reflex heraus. Streicheln, putzen, satteln und gurten empfinden sie als bedrohlich und unangenehm. Da sie nicht weglaufen können, schlagen sie aus. Einige schlagen sogar gegen den Reiterschenkel, weil sie so schenkelempfindlich sind. Bei berührungsüberempfindlichen Pferden müssen wir aufpassen, wie wir uns positionieren.

Am besten seitlich neben der Schulter, von wo aus wir Vorder- und Hinterhand im Auge behalten können. Bei übersensiblen Pferden müssen Sie damit rechnen, daß sie beißen, mit der Vorderhand plötzlich weit ausholen und fest zutreten und/oder mit der Hinterhand seitlich auswinken. Seien Sie diesen Pferden gegenüber klar, energisch und deutlich. Vielleicht können sie sich dann noch zusammennehmen und die Grenze, Sie nicht zu verletzen, einhalten. Wirken Sie andererseits beruhigend auf diese Pferde ein und vermeiden Sie Überreizungen. Waschen Sie ein übersensibles Pferd eher ab, als daß Sie es putzen. Satteln und gurten Sie fachgerecht und allmählich, streicheln Sie es nicht, sondern loben Sie es mit Ihrer zustimmenden Haltung und der Stimme. Reiten Sie nicht schenkelklemmig, sondern öffnen Sie Ihren Sitz und Ihr Becken für eine lockere, legere Reitposition. Als Therapie sollten Sie versuchen, neben einem gehörigen Kontingent an Akzeptanz, Ihr Pferd zu *desensibilisieren*. Finden Sie Körpererfahrungen über ungewohnte Berührungen, in denen sich Ihr Pferd neu und wohl in seiner Haut erlebt. Diese Techniken und Vorgehensweisen finden Sie bei Feldenkrais, Reiki, Shiatsu und einigen Massagen. Initiieren können Sie die neue Empfänglichkeit für Körperwahrnehmung über Farbtherapie oder Akupunktur. Befolgen Sie die Körperarbeit dann jedoch nicht aus Selbstzweck.

Das überempfindliche Pferd ist meistens im Hartspann der Muskulatur und sehr engagiert im Kopf. Es möchte mit Ihnen arbeiten, etwas leisten und sich über Bewegung ausleben. Sie brauchen aber eine Verbesserung der Berührungstoleranz des Pferdes für ein effektiveres Reiten und für den streßreduzierten Umgang mit Tierarzt, Schmied und anderen Reitpartnern. Außerdem kann die chronische Übersensibilität leicht zu Verhaltungen im Magen- und Darmbereich oder, bei Stuten, in den Geschlechtsteilen führen.

4. Ausschlagen unter dem Sattel

Sehr unangenehm ist es, wenn ein Pferd unter dem Sattel nach anderen Pferden ausschlägt. Traditionell wird ein solches Pferd mit einer roten Schleife im Schweif gekennzeichnet, so daß andere Reiter bewußt Abstand halten können. Reiterlich betrachtet hat ein solches Pferd die Hierarchie des Reitens noch nicht begriffen, in der der Reiter alleine "Schrecken" verbreiten darf und und veranlaßt, gegen etwas oder jemanden auszuschlagen, z. B. in einer Lektion der Hohen Schule! Alle Reiter sollten darüber informiert sein, daß es möglich ist, dem Pferd das Ausschlagen unter dem Reiter zu verbieten, indem man die Hinterhand zum Schwerpunkt hin versammelt und damit zur Tragkraft heranzieht. Tatsächlich sind die meisten Pferde und Reiter in dieser Hinsicht nicht genügend ausgebildet und noch nicht einmal auf dem richtigen Weg.

Psychologisch gesehen haben Pferde, die häufig ausschlagen, kein gesichertes Raumgefühl. Sie fühlen sich zu leicht beengt und bedrängt und schätzen die Arbeitssituation beim Reiten falsch ein. Sie wissen nicht, daß sie gar nicht bedroht werden, wenn ihnen ein anderes Pferd entgegenkommt oder von hinten vorbeigeritten wird. Sie wissen nicht, welchen gesicherten und geschützten Raum sie mit dem Reiter zusammen einnehmen. Hierbei kann man dem Pferd helfen. Gezielte Körperarbeit nach Feldenkrais, Tellington-Jones, Reiki, Shiatsu und einige Massagetechniken, angewandt am ganzen Körper, geben dem Pferd ein neues Selbstbild und damit eine neue Kraft.

Diese Techniken können auch beim Reiten eingesetzt werden, um das Selbstwertgefühl in der Einheit von Pferd und Reiter am Arbeitsplatz zu stärken. Zumindest können Sie also das Pferd beim Reiten in allen Gangarten am ganzen Körper mit der Gerte oder der flachen Hand sanft abstreichen. Oder Sie können es mit Körperseilen oder Bandagen, die es umschmiegen,

*Die Stute droht, wenn sie ihr Fohlen bewacht, bevor sie beißt oder ausschlägt.
Foto: Archiv von der Sode*

einwickeln, ähnlich wie es ein Fahrgeschirr tun würde. Nur sind sie weicher und geben statt Belastung Kontakt und Meldung zum Körper zurück.

Einerseits kann ein Pferd beim Reiten körperunsicher sein, weil es durch die abgegrenzte Boxenhaltung den Umgang mit anderen Pferden verlernt. Es sind Pferde dabei, die nie lernen, daß andere ihnen entgegenlaufen. Andererseits kann bei Offenstallhaltung eine sehr grimmig gefaßte Hierarchie entstanden sein. Dann haben die rangniedrigen Pferde auch am Arbeitsplatz Angst vor ihren eigenen Weidekollegen und schlagen nach ihnen aus, weil sie sich bedroht fühlen. Hier hilft nur eine Neuordnung der Weidegruppen, z. B. je vier Stuten und vier Wallache in einer Gruppe zusammen oder getrennt nach Geschlechtern. Sie müssen ein bißchen probieren herauszufinden, wann Harmonie einkehrt und das Selbstwertgefühl jedes Gruppenmitgliedes hochgehalten wird. Ziemlich sicher können Sie mit dem Ausschlagen einer Stute rechnen, wenn sie rossig oder aber tragend/trächtig ist. In der Rosse werden manche Stuten derart von hormonellen Schwankungen überflutet, daß sie zu Kontakt und Kommunikation im Sinne des Reiters nicht mehr fähig sind. Lassen Sie Ihr Pferd an diesen Tagen einerseits in Ruhe und fordern Sie keine Leistungen ab.

Andererseits sind solche Verhaltensweisen eine Folge von mangelnder Balance und mangelndem Energiefluß durch den Körper und nicht zwangsläufig natürlich. Auch bei einem extrem auffälligen Verlauf der Rosse können Sie das Pferd mit Homöopathie, Akupunktur und Körperarbeit unterstützen. Die tragende Stute hingegen schlägt völlig *natürlicherweise* gegen andere Pferde aus. Sie schützt sich selber vor weiterem Geschlechtsverkehr und das ungeborene Fohlen vor Anrempeleien und Gefahr. Für ihren Reiter heißt das, nicht zu eng an andere Reiter heranzureiten. In ihrer harmonischen, vertrauten Weidegruppe begnügt sich die Stute mit Drohgebärden. Die anderen wissen schon Bescheid.

5. Schlagen beim Schmied

Wenn ein Pferd gegen den Schmied, Hufpfleger oder Aufhalter austritt, ist das wieder eine Folge von mangelnder Grunderziehung ins Gleichgewicht. Das Pferd macht eine Aussage, trifft eine Notmaßnahme. Es traut sich nicht auf drei Beinen zu stehen, weil es denkt, daß es dann umfällt.

Über Beingymnastik und das richtige Herangehen beim Hufaufheben kann es diese Balance wieder erlernen. Zusätzlich kann es sein, daß das Pferd die Erfahrung gemacht hat, daß der Schmied oder Hufpfleger durch seine Arbeit Schmerzen zufügt, während der Besitzer nichtsahnend daneben steht. Das Pferd kann vernagelt sein, oder die Eisen sind zu klein. Bei der Hufpflege am Barfußhuf wurde das Pferd entweder zu lang, zu steil, zu eng gestellt oder zu schnell zu kurz und zu weit.

Wenn die Hufpflege also Schmerzen auslöst, wird sich das Pferd eventuell mit gezielten Tritten wehren. Bei therapeutischen Eingriffen, die Schmiede oder Tierärzte vornehmen, unterscheide ich immer zwischen Wachstums- und Heilungsschmerzen oder Verelendungsprozessen. Das Pferd gibt mir darüber Auskunft. Erstverschlechterungen beziehe ich in meine Wahrnehmung ein, jedoch ist sehr schnell ein Weg zum Licht erkennbar, wenn ich den Augenausdruck, die Mimik und die Gesamtkonstitution des Pferdes betrachte.

Zusammenfassend gilt:

Ich kann über eine Fehlerkette jedes Pferd zum Ausschlagen erziehen. Bösartigkeit beim Pferd brauche ich dabei nicht zu unterstellen. Beim Schlagen als Drohung oder aus Übermut sollten Sie bedenken, daß das an den Hinterfüßen beschlagene Pferd den Schlag nicht mehr dosieren kann.

IX. KOPFSCHLAGEN

Der Gaul macht nicht mit, weil er immer mit dem Kopf schlägt!

Mit einem sehr unangenehmen Reitgefühl können Sie immer dann rechnen, wenn Sie sehen, daß ein Pferd mit dem Kopf schlägt. Schon manche Reiternase hat sich daran blutig gestoßen, und es entstanden auf diesem Wege schon viele Gehirnerschütterungen. Deutlich unabsichtlich passiert es, wenn das von Ihnen gerittene Pferd den Kopf zurückwirft, weil es von dem vor ihm laufenden Pferd bedroht wird. Das wäre wirklich Pech.

Meistens ist das Kopfschlagen eine Reaktion des Pferdes auf eine unangemessen (hart) einwirkende Reiterhand oder einen unelastischen Reitersitz. Im chronischen Verlauf macht sich diese Unelastizität dann auch im Körperbild des Pferdes fest. Sowohl in der Freiheit einzelner Nerven zu ihrer Funktion, als auch im Hartspann und Verlauf der Muskulatur können Sie mit etwas Übung erkennen, wohin sich die angespannte Reaktion des Pferdes auf den vom Reiter veranlaßten Energiestau verhält. Das Kopfschlagen ist dann nicht viel mehr als der letzte Versuch des Pferdes, zum freien Körper zu gelangen und der Starre zu entkommen. Zur Auflösung des Problems gelangen Sie dann einerseits über diese Ursachenforschung - das Auffinden des Symptoms. Andererseits braucht der Reiter eine Schule zum freien Körper, in der die Elastizität zum Pferd hin entwickelt wird. Auch kann das Kopfschlagen eine Reaktion auf schlecht sitzendes Sattel- und Zaumzeug sein. Hier gilt wieder die Faustregel: so wenig Leder und Metall wie möglich. Je mehr Sie davon verwenden, desto besser muß es sitzen. Und kaufen Sie lieber uralte gebrauchte Sachen von renommierten Sattlermeistern, als neueste Ware made in Asia.

Natürlich kann sich das Kopfschlagen auch aus dem Temperament des Pferdes entwickeln. Die meisten Pferde in unserer Reitkultur sind nicht angelernt, denn Sie regen sich z. B. bei Fuchsjagden oder sogenannten Bauernrennen maßlos auf und gehen permanent pullend gegen die Hand des Reiters. So umgesetzt können alte Jagd- und Renntraditionen bei Pferd und Reiter eigentlich nur Schmerz und Frust auslösen.

Profitip:

1. „Headshaking"
Eine zur Zeit vermehrt auftretende Art des Kopfschlagens ist das sogenannte „Headshaking"-Syndrom. Hierbei schlenkert und schüttelt das Pferd ohne sichtbaren Anlaß nachhaltig mit dem Hals und dem Kopf. In allen

*Schließen Sie Ihr Training mit einem Wassereinritt ab. Das entspannt Pferd und Reiter.
Foto: Archiv von der Sode*

Grundgangarten, unter dem Reiter und auch auf der Weide.

Bei manchen Pferden tritt dieses Symptom saisonal auf, z. B. hauptsächlich im Sommer bei vermehrtem Einfall von Sonnenlicht. Ich habe Pferde in Arbeit gehabt, die zu mir gebracht wurden, weil sie stiegen. Wenn die Pferde diese Form von Widerstand eingestellt hatten, blieb das Headshaking-Syndrom übrig. Die Tiermedizin hat aus ihrer Forschungsarbeit bislang verschiedene Erklärungsmodelle abgeliefert, aber noch keine Lösungen anzubieten:

a) Bei manchen Pferden ist im Bereich Maul/Gaumen eine Infektion mit dem Herpes-Virus gefunden worden. Wurde dieses Virus medizinisch bekämpft, stellten manche Pferde das „Kopfschütteln" ein.

b) Bei anderen Pferden wurde eine Überempfindlichkeit gegen Sonnenlicht nachgewiesen. Hielt man diese Pferde überwiegend drinnen, kam es zu einer beruhigten Form des Kopfschlagens.

c) Der nächste Erklärungsversuch führt auf den Ansturm sehr kribbeliger kleiner Fliegen zurück, die zu bestimmten Uhrzeiten draußen auftreten und nervöse Reaktionen auslösen. In diesem Fall müßte man dann also diesen Uhrzeiten und Orten ausweichen.

Aus der Sichtweise der ganzheitlichen Bewegungslehren und der entsprechenden Medizin haben wir zusätzlich andere Denkmodelle, denen wir nachgehen. Grundsätzlich gilt, daß der Körper auf ein Problem immer mit sei-

Ein TTeam-Trainingsgebiß, mit leichter Hand bedient, hilft den Hartspann in „Almes" Halsmuskulatur abzubauen. Achten Sie auf die aufgelaufenen Ganaschen, sowie die Wölbungen und Kuhlen im Halsbereich. Foto: Hipp

ner schwächsten Stelle reagiert. Dennoch muß dort nicht der Verursacher des Problems liegen. Wir vermeiden ebenfalls alle Reizungen des Symptoms, wie unter a - c beschrieben.

Dann allerdings begeben wir uns auf die Suche danach, wo im übrigen körperlichen oder seelischen Bereich eine Balancestörung vorliegt. Diese bearbeiten wir dann mit unseren Möglichkeiten, die auch noch immer nicht vollständig und zu Ende gebracht sein müssen, da unser Wissen eben auch begrenzt ist. Ich bediene mich dabei der Feldenkrais- und der TTEAM-Methode. Ich arbeite mit Tierheilpraktikern zusammen, hole mir dort Hilfe und verabreiche auch Bachblüten. In seltenen Fällen und weil nicht so leicht verfügbar, setze ich auch die Farbtherapie und die Akupunktur ein. Wenn all diese Denkmodelle und Vorgehensweisen ausgeschöpft sind, schaue ich, ob das Pferd immer noch mit Hals und Kopf schüttelt. Erst dann betrachte ich das „Headshaking"-Syndrom aus meinem Kenntnisstand heraus als unheilbar.

2. Kopfschlagen aus dem Hals-Nacken-Bereich

Im Körperraum vom Kopf bis zum Widerrist können viele Störfelder ent-

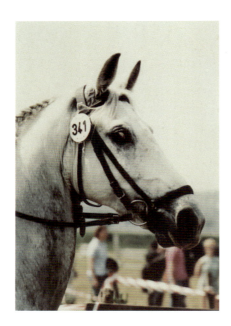

Mit 10 Jahren zeigt „Togo" extreme Angst vor Veranstaltungen. Das Auge ist aufgerissen, die Nüstern sind geweitet, die Ohren hält er stramm nach vorne. Der Unterhals ist herausgedrückt und das Genick zur Fluchthaltung nach oben und hinten gezogen. Foto: R. Kröncke

stehen, aus denen heraus das Pferd mit dem Kopf schlägt.

a) Versuchen Sie herauszufinden, ob Ihr Pferd Zahnschmerzen hat. Sie können nach Eiterbeuteln (entlang des Schlundes und an den Ganaschen) suchen, das Pferd beim Fressen beobachten und für sich klären, ob Sie mit der Maultätigkeit des Pferdes beim Reiten zufrieden sind. Wenn Sie fündig geworden sind, kann Ihnen die Homöopathie oder ein auf Pferdezähne spezialisierter Tierarzt helfen.

b) Kopfschlagen entsteht häufig aus einer Störung im Verlauf der Halswirbelsäule. Einzelne Wirbel verklemmen oder verdrehen sich. Unter falscher Belastung verhindern angespannte Muskelzüge weiterhin, daß sich das Pferd im Bereich der Halswirbel in Ruhephasen neu ordnet. Verklemmungen im Halsbereich lösen beim Pferd Angst aus. Es geht häufiger in die Fluchthaltung als in die der Losgelassenheit. Da es "verklemmt" ist, bekommt es dann noch einmal einen Schreck an sich selber. Wenn ein Pferd z. B. Gleitwirbel produziert hat, weiß es meistens nicht, was los ist. Es ist Ihre Aufgabe herauszufinden, ob sich das Pferd im Bereich der Halswirbelsäule verklemmt hat.

Wenn Sie Glück haben, findet sich die Schiefe und Verspannung „nur" im Verlauf der Halsmuskulatur wieder und nicht in einem Verschleiß der Wirbel. Stellen Sie sich vor Ihr Pferd und versuchen Sie herauszufinden, ob der Hals mittig zur Vorderbrust nach vorne verläuft und ob das Pferd wiederum den Kopf mittig dazu hinhält. Betrachten Sie die Halsmuskulatur und fühlen Sie mit weicher, flacher Hand hin.

Wenn Sie Hügel und Täler in Ihren Händen spüren, wenn es extrem hart, stumpf, kalt oder warm unter Ihren Händen ist, kann hier überall die Ursache für ein Kopfschlagen liegen. Energiefluß fühlt sich an den Händen gleichmäßig warm und pulsierend an. Pferde mit einem enormen Unterhals oder einem schwachen Hirschhals neigen eher zum Kopfschlagen. Testen Sie weiterhin über sanfte Führung aus Ihren Händen die Funktion der Halswirbelsäule im Halten. Kann sich das Pferd geregelt nach rechts und nach links einstellen lassen und drehen, kann es sich strecken und beugen? Vielleicht und sehr wahrscheinlich sogar sind diese Funktionen möglich, und das Pferd hat nur vergessen, wie man sie ausführt. Lassen Sie sich von einem Feldenkraislehrer oder TTEAM PRACTIONER anleiten, wenn Sie sich diese Manipulationen allein nicht zutrauen.

Das junge Vollblut ist kurz zusammengezogen und im Hartspann der Muskulatur auf der Flucht vor dem Reiter. Hier wünscht man sich mehr Atmung, Elastizität und Dehnung. Foto: N. Franke

3. Kopfschlagen aus dem Rücken

Eine Überlastung äußert sich beim Pferd häufig auch durch Kopfschlagen. Diese Müdigkeit entsteht oft im nicht tragenden Rücken des Pferdes. Dennoch ist der Rücken der meisten Pferde nicht so schwach, wie er sich darstellt. Er wird natürlich vom Reiter am meisten belastet. In den meisten Fällen ist es aber nicht nötig, den Rücken medizinisch zu unterstützen. Statt dessen schaue ich mir den Gesamtorganismus in seinem seelischen und körperlichen Gleichgewicht an.

Der Rücken ist meist nur der Schutzschild im Körper, bzw. der Symptomträger. Als erstes sollten Sie wieder die Anpassung vom Sattel überprüfen. Des weiteren sollten Sie von Stund an rückenentlastend sitzen, bis Sie den Eindruck haben, daß das Pferd im Rücken wieder einige Zeit trägt. Prüfen Sie dann am blanken, ungesattelten Pferd das gewohnte Verhalten, die „normale" Selbsthaltung Ihres Pferdes im Rücken. Wirkt der Rücken eher abgesenkt und tief, karpfenrückenartig gewölbt oder eher gerade? Stehen einige Wirbel auffällig hervor oder tanzen aus der Reihe?

Klopfen Sie Ihr Pferd dann an der Bauchseite sanft ab und lassen Sie mit einem Druck Ihrer Fingerkuppen aus beiden Händen einen Reflex nach oben aus. Heben Sie den Rücken praktisch sanft piekend an. Wie auch immer Ihr Pferd den Rücken normalerweise hält, ist es schon richtig. Sie wollen es nur über andere Positionen entlasten und diese neuen Erfahrungen zu seinem Gehirn zurückbringen. Damit beugen Sie Verschleiß aus Einseitigkeit und Starre vor. Die Rückenmuskulatur können Sie über einen intelligenten Trainingsaufbau beim Reiten und sinnvolle, erfahrene Longenarbeit stärken.

Berücksichtigen Sie dabei zu jeder Zeit die Atmung, Elastizität und Dehnung des Pferdes. Trainieren Sie auf verschiedenen Böden und über verschiedenartige Cavalettiformationen. Schauen Sie zusätzlich hin, ob die Hufpflege Ihres Pferdes seinen anatomischen Bedingungen und seiner Belastung entspricht. Schauen Sie kritisch hin, denn wegen eines Reiter- oder Haltungsfehlers braucht Ihr Pferd nicht mit dem Kopf zu schlagen.

4. Kopfschlagen wegen schwacher Gelenke

Anatomisch gesehen möchten wir Gelenke eher groß und stark als zart angelegt sehen, dabei natürlich passend zur Art und zum Rassetyp.

Wesentlicher dabei ist, daß die Gelenke ihre Funktion als Bewegungsträger wahrnehmen. Über sie läuft die Kombination einzelner Bewegungsphasen der Knochen und Wirbelkörper. In den Gelenken der Pferde ist Spielraum für eine große und kraftvolle Mechanik. In ihrer Funktion wenig angesprochene Gelenke, insbesondere in der Hinterhand, schwächen die gesamte Tragkraft des Pferdes.

Die meisten Reiter äußern sich dazu, ob ihr Pferd „am Zügel geht", „fleißig" ist oder „gut sitzen" läßt. Ich erziehe meine Reiter dazu, sich vorrangig auf Freiheit und Engagement der Gelenke des Pferdes einzulassen. Hieraus kommt dann die Federungsmöglichkeit, in die der Reiter mit hineingenommen wird. Durch richtige Fütterung, durch artgerechte Haltung und Hufpflege kann ich das Pferd in der Freiheit der Gelenke unterstützen. Den Lernprozeß im Bewegungsapparat würde ich vorbeugend und auch zur Unterstützung von Heilung in der Beinarbeit und dem Tellington-Touch sehen und einsetzen.

Ob ein Pferd wegen unterentwickelter Gelenke zum Kopfschlagen neigt, läßt sich beim Ansehen der Proportionen erraten und bei Manipulationen und Anwendungen am Bewegungsapparat erfühlen. Grundsätzlich gilt, daß das Pferd für die Gelenke statt Ruhe elastische und gleichmäßige Bewegung braucht.

5. Kopfschlagen wegen fehlerhafter reiterlicher Einwirkung

a) Häufig wird eine Genickstarre des Pferdes und daraus resultierendes Kopfschlagen durch den Einsatz falsch verschnallter Hilfszügel verursacht. Besonders häufig fällt das auf bei seitlich verschnallten Ausbindezügeln oder Halsverlängerern, beim Gebrauch zu kurz gehaltener Schlaufzügel oder beim Aufrollen des Pferdes hinter den Zügel beim Zusammenstellen von vorne nach hinten, statt von hinten nach vorne.

Das Pferd braucht den Hals als Balancehilfe. Achten Sie darauf, über den Einsatz von Hilfszügeln den Halsverlauf zu verbessern und nicht einzuschränken.

b) Entwickeln Sie eine sanfte, nach vorn ausfühlende Reiterhand. Überprüfen Sie Ihre eigene Schulterfreiheit, den Gebrauch der Ellbogenfederung, den Energiefluß über die Hand- und Fingergelenke. Achten Sie darauf, sich nie am Zügel festzuhalten, sondern eher am Halsriemen oder in der Mähne. Benutzen Sie Lockerungs- und Bewußtheitsübungen für Ihre eigene Geschmeidigkeit. Lernen Sie bei einem guten Lehrer die korrekte minimale Zügeleinwirkung und verschiedene Handtechniken.

c) Wenn sich irgendein Pferd zu irgendeiner Zeit müde oder schwach im Rücken verhält oder sich generell in den Gelenken nicht engagieren möchte, verlangt es nach einem Reiter mit geschmeidigem Sitz, den er in mehreren Variationen einsetzen kann. Sich einfach nur mit Kreuz- und Gewichts-

hilfen reinzuhängen ist dann schädlich. Es ist auffällig, wieviele auch sonst sehr sportliche und athletische Reiter wenig Kontrolle über die Losgelassenheit in ihrem Körper und dessen Gebrauch in guter Spannung haben.

Viele Menschen wissen auch nicht, daß Spannungen im Reiterkörper auf das Pferd abstrahlen und umgekehrt.

Außerdem werden - wahrscheinlich aufgrund der frühen Spezialisierung im Reiten - wenig Sitzvariationen gelehrt und eingesetzt. Achten Sie bei Sitzübungen auf eine Balanceschule in Beziehung zur Schwerkraft und darauf, über Tiefenentspannung einen beatmeten Körper zu erfahren. Gestehen Sie diese Erfahrung auch Ihrem Pferd zu.

Geht es bei Ihnen in der Reithalle auch so ruhig und dabei abwechslungsreich zu?
Foto:
Archiv von der Sode

X. SCHEUEN

Der Gaul macht nicht mit, weil er oft scheut!

Ich persönlich finde, daß das häufig scheuende Pferd der unangenehmste Partner beim Reiten ist. Es verlangt von mir ständige Alarmbereitschaft und dauerhaftes Ventilieren nach schreckauslösenden Momenten.

Außerdem einen sehr guten ausbalancierten Sitz, ein Zusammenspiel der Kräfte aus Sitz, Hand und mentaler Ruhe und letzten Endes einigermaßen athletische Kräfte, um mich den Fliehkräften entgegen auch oben zu halten. Insbesondere seit der Geburt meiner kleinen Tochter spüre ich die Gewißheit, beim Reiten nicht verunglücken zu wollen. Als Reitlehrerin für sie und andere Kinder im Ponyclub sowie für meine Kursteilnehmer habe ich und trage ich die Verantwortung für Leib und Leben.

Auch die Unfallstatistiken warnen vor dem Reiten als zweitgefährlichste Sportart. Ein Sicherheitskonzept beim Reiten setzt für mich als erstes voraus, daß das Pferd reitsicher ist, in diesem Fall weitestgehend scheufrei, d.h. gelände- und umgebungssicher. Fahrpferde, Schaupferde, Vielseitigkeitspferde und die berittene Staffel der Polizei zeigen uns, wie gelehrig Pferde sind und wie weit sie mitmachen.

Es ist ein Irrtum anzunehmen, dabei handele es sich um besonders ausgewählte Exemplare „schußfester" Pferde. Im Gegenteil: Ich habe mehrfach erlebt, daß reitunsichere Pferde zu Fahrpferden umgeschult wurden, superartig und engagiert waren und

man sich bei ihnen auf dem Kutschbock sehr wohlfühlen konnte. Ständig scheuende Pferde sind sehr unpraktisch. Beim Verladen oder beim Führen durch eine fremde Umgebung springen sie einem auf den Fuß oder reißen sich los. Außerdem vermiesen sie uns den „erlebnisorientierten" Ansatz beim Reiten. Ponymusical oder Pferdeweihnacht können nur locker eingeplant und durchgeführt werden, wenn die Pferde kalkulierbar und verläßlich auch über Feuer springen, zu einer Feenquelle hinlaufen oder neben einem geschmückten Weihnachtsbaum stehen, und zwar ohne daß der Reiter gleichzeitig Angst vor dem Fallen haben muß. Tatsächlich gibt es immer mehr Reiter, die nur in der Reithalle oder in umschlossenem Areal reiten.

Abgesehen davon, daß die Pferde durch diese anhaltende Monotonie neurotisch und durch die einseitige Belastung körperlich aufgebraucht werden, handelt es sich dabei um eine Reduktion reiterlicher Möglichkeiten auf ein armseliges Spektrum. Ich setze diesen erlebnisorientierten Ansatz beim Reiten gerade gezielt ein. Das erhält mir die Pferde gesund und die Reiter interessiert.

Außerdem pulen sie sich dann nicht so am Pferd fest und bleiben weiter in ihrer Aufmerksamkeit gefächert. Der Gesamtbegriff vom Reiten beinhaltet dann nicht mehr nur den Ehrgeiz „das Pferd an den Zügel zu stellen". Spaß daran, sich umzustellen, haben die Reiter aber nur, wenn die Pferde weitestgehend scheufrei sind.

Der Gaul scheut

*Angst-Mut-Verhalten können Sie z.B. beim entspannten Umgang mit einer Plastikplane einüben.
Foto: E. Winkler*

Profitip:

1. Scheuen beim Führen

Ich finde es interesssant zu beobachten, welche Pferde beim Führen scheuen und dann herauszufinden, warum sie es tun. Interessanterweise haben kuckige Zuchtstuten auch jedes Jahr ein umgebungsunsicheres, launiges Fohlen bei Fuß.

Hier besteht der Verdacht, daß das Verhalten zwar nur abgeguckt wurde, sich jedoch nachhaltig festsetzt. Kuckige Pferde beim Führen unterscheide ich in:

a) überhaferte, unausgelastete Pferde. Wenn Pferde im Leistungsfutter stehen, dabei aber permanent geschont und unterfordert werden, sind sie oft kratzig und unausstehlich, wissen nicht wohin mit ihren Kräften und explodieren einfach aus nichtigem Anlaß, um nicht zu implodieren. Hier liegt es nahe, das Kraftfutter zu reduzieren und das Arbeitspensum zu erhöhen. Wurden diese Pferde als Schaupferde extra auf extreme Selbstdarstellung und Überreizung hin gefüttert, sollten Kinder und schwache Reiter nicht mit ihnen umgehen.

b) Bei einem kuckigen, ewig scheuenden Pferd versuche ich herauszufinden, ob es vielleicht kurzsichtig oder fehlsichtig ist. In einer Testreihe von Begrenzungen und Stangen zeigt mir das Pferd, ob es a) nicht hinguckt oder b) nicht sehen kann. Ich versuche, einen Lernprozeß über Höhen- und Tiefenabschätzung und Raumwahrnehmung einzuleiten.

Üben Sie mit Ihrem Pferd Höhen-Tiefenabschätzung und Raumgefühl ein.
Foto: Archiv von der Sode

Je nach Lernfortschritt kann ich vermuten oder ausklammern, daß es sehbehindert ist. Manchmal ist auf einer Seite zwar das Auge in Ordnung, aber der Gesichtsnerv gelähmt, und dadurch ist das Pferd in seiner Wahrnehmung so verunsichert, daß es das Auge nicht einsetzt. Außerdem arbeite ich am Körper des Pferdes, um herauszufinden, ob es seine Sehkraft über Verspannung in der Augenmuskulatur beeinträchtigt oder sich überhaupt introvertiert in sich zurückgezogen hat. Dieses Zeichen der Resignation äußert sich bei der Konfrontation mit angstauslösenden Momenten auch in häufigem Scheuen.

Ich interesseiere mich sehr für die Art und Weise, wie sich das jeweilige Pferd im Auge ausdrückt und darstellt und wie es einen körperorientierten Lernprozeß mitmacht. Die Stellungnahme des Tierarztes über eine Augenuntersuchung und Einschätzung der Sehkraft könnte mich gelegentlich interessieren. Die Erfahrung der letzten 25 Jahre hat jedoch gezeigt, daß viele Diagnosen über bevorstehende und sogar tatsächliche Erblindung und die sehr wertmindernde „periodische" Augenentzündung oder „Monblindheit" falsch waren.

Ich habe einige Pferde erlebt, die 10 Jahre nach dieser Diagnose wunderbar sehen konnten. Für mich ist es auch irrelevant, daß die Pferde einen anderen Blickwinkel haben als wir Menschen und vielleicht eine andere Farbpriorität. Sie sehen ihre Welt eben so, wie sie sie sehen. Für sie ist es ihre normale Welt. Innerhalb dieser sind viele Pferde umgebungssicher und einige nicht. Ein Pferd denkt nicht wie ein Mensch und guckt auch nicht wie ein Mensch. Trotzdem kann es in sich aufgehoben sein und sich in unserer Welt auskennen und sicher fühlen. Das Pferd ist natürlich in seinen Genen einerseits den weiten Blick über die Steppe gewöhnt und ein Fluchttier, dessen Überlebenschance bei Gefahr im Scheuen und Fliehen lag.

Wir Menschen stellen uns als Jäger und Sammler dar und als Homo sapiens, den Allwissenden. Tatsächlich würde es auch uns weiterbringen, uns mit den Phänomenen von Schreck und dessen Ursache und Auswirkungen zu befassen, als da wären Angststarre, weglaufen und nicht - bei Gefahr hingucken.

c) Viele Pferde, die an der Hand scheuen, sind beim Umgang mit dem Menschen am Boden einfach unerzogen.

In vielen Reitställen gehört die Grunderziehung der Schulpferde und Berittpferde an der Hand schlichtweg nicht mit zum Programm. Eine Ausnahme bildet das Training der Westernpferde, sowie die Schule der Schaupferde, die in Zirkuslektionen ausgebildet werden. Wünschenswert ist, daß jedes Reitpferd bzw. Fahrpferd eine Grundschule mit den Themen Bodenarbeit, Fahren vom Boden, Doppellonge etc. durchläuft.

Das Pferd lernt dadurch auf seinen Trainer zu achten und ihn auch vom Boden aus ernst zu nehmen. Es kann sich dadurch in der Rangfolge hinter ihm einordnen. Die Dinge verlieren ihren Schrecken, da sich auch der Trainer nicht erschreckt. Bei weiterhin kuckigen Pferden kann der Ausbilder über dominantes Verhalten seine Position über vom Pferd erlernte Signale durchbringen.

d) Manche Pferde sind bodenunsicher, besonders an der Hand, da sie im Grunde körperschwach sind. In den Halswirbeln, im Rücken, in den Hüftgelenken, am Knie oder am Huf fühlen sie sich lose oder haben Schmerzen.

Durch reiterlichen Sitz und Einwirkung fühlen sie sich gefestigt und gehalten. Alleine sind sie auch schon in ihrem *Selbstbild* ein Hasenfuß.

Jeder Eimer, der woanders steht, neue Geräusche und Bewegungen verunsichern sie zutiefst, weil sie ihrem Körper nicht trauen. Verstärkt wurde dieser Identitätsverlust des körperschwachen Pferdes, wenn es in der Fohlenherde rangniedrig blieb oder bei der Kastration oder beim Abfohlen ein Trauma erlitt. Körperschwache Pferde können Sie in ihrem Selbstbild und Selbstvertrauen stärken, um sie bodensicherer zu bekommen. Feldenkraisarbeit und Massagen heben das Körperbild in die Bewußtheit, Boden- und Geschicklichkeitslektionen helfen dem Pferd, sich „Raum" neu zu erschließen. Zusätzlich lernen Sie über diese Übungen, körperschwache Pferde zu erkennen und diesen Fehler nicht zu produzieren oder einzukaufen.

2. Scheuen vor Wasser

Zwischen Pferd und Reiter kann häufig ein gemeinsames Scheuen vor Wasser beobachtet werden.

a) Die meisten Pferde, die ich kenne, umgehen kleine und große Pfützen, da sie sie offensichtlich als Bodenunebenheit vermeiden wollen. Sie treten vorbei oder springen drüber.

Es ist ihnen offensichtlich unangenehm, wenn sie durch das Hineintreten am Bauch naßgespritzt werden. Pferd und Reiter sollten von den ersten Ausritten an daran gewöhnt werden, durch einige Pfützen zu reiten. Kinder tun das sehr gerne. An dieser Stelle wird gleich erprobt, ob der Reiter seine vortreibenden und seitwärtstreibenden Schenkelhilfen durchbringt.

b) Beim Abspritzen mit dem Schlauch stellen sich viele Pferde panisch an. Hier liegt ein Ausbildungsfehler beim Anlernen vor.

Den meisten Pferden ist eine Ganzkörperdusche lieber als ein solides Putzprogramm. Sie trinken auch aus dem Schlauch und lassen sich das Maul ausspülen. Die Hufe brauchen sehr viel mehr Feuchtigkeit, als ihnen gemeinhin zur Verfügung steht, und Kneipp'sche Güsse entlang der Beine unterstützen das Immunsystem und kühlen.

Legen Sie also bitte erst einmal Ihre Hektik ab und ziehen Sie sich so an, daß es Ihnen selber nichts ausmacht, wenn Sie etwas naß werden. So können Sie die nötige mentale Ruhe zur Situation vorgeben. Drehen Sie den Wasserschlauch dann zu einem kleinen Strahl an und besprühen Sie das Pferd in aller Ruhe. Erst vom Huf zum Ellbogen oder Knie, dann von den Ganaschen bis zum Schweif. Spritzen Sie nicht direkt in Nüstern, Augen und Ohren.

Drehen Sie dann das Wasser deutlich auf, um einen zügigen Vorgang zu erreichen. Shampoonieren Sie das Pferd und waschen Sie das Shampoo zügig wieder heraus. Ziehen Sie das nasse Pferd mit einem Schweißmesser ab. Stellen Sie es dann in die Sonne oder führen Sie es trocken. Trauen Sie sich und dem Pferd den Waschvorgang zu.

Ohne Hektik und Gewalt lernen Sie es beide. Häufig stellen sich Pferde extrem vorsichtig an, wenn sie durch einen fließenden Bach gehen sollen. Wenn sie auf einer am See oder einem Bach gelegenen Weide stehen, kann man beobachten, daß sie das Wasser nicht vermeiden. Sie trinken dann z. B. lieber das offene Wasser als aus einer Tonne oder Badewanne - und gehen auch selbständig hinein. Es ist also kein ungewöhnliches und artfremdes Vorgehen, Pferde zum Umgang mit Wasser zu erziehen. Vielmehr ist das Pferd viel zu oft von Wasser, Matsch und Morast ferngehalten worden.

Oft konnte ich beobachten, daß Pferde lieber steigen, ausbrechen und scheuen oder rückwärts nach Hause gehen, bevor sie einen Bachlauf oder Wassergraben durchqueren oder überqueren würden. Bot man denselben Pferden eine übersichtliche Eintrittsstelle an einem See oder dem Meer an, vielleicht sogar mit einem gelassenen Führpferd vorneweg, kamen sie zügig mit hinein und badeten und planschten mit sichtlichem Genuß. Hier ist es dann meine Aufgabe herauszufinden, was am Engpaß mit Wasser anders verläuft als an der oder dem offenen See.

Eine Antwort liegt im Beobachten und Abfragen der mentalen Einstellung des Reiters an der kritischen Stelle zum Wassereintritt.

a) Macht er sich vielleicht Gedanken, daß er einen eventuellen Sprung des Pferdes nicht sitzen kann?

b) Oder daß das Pferd rechts oder links ausweicht und ihn dadurch an einen Baum klebt?

c) Traut er dem Boden und der Wassertiefe im Bachverlauf nicht?

Bewährt hat sich an Gräben und Wassereintritten ein zügiges, dabei gelassenes, dennoch energisches „Nach-vorne-Denken".

Am besten führt zu Anfang ein sicheres Pferd an. Die zweite Schwachstelle im Umgang mit Wasser kann darin liegen, daß die generelle Bodenunsicherheit des Pferdes in der Ausbildung nicht erkannt oder beachtet worden ist. Es handelt sich also um einen „Sterngucker".

Diese eingeschränkte Wahrnehmung des Pferdes kann sich auch dahingehend äußern, daß es blockiert in sich hinein starrt. Bei einer Vorlage von Wasser ist dann endgültig „Überforderung" gegeben und das Pferd mißachtet die vortreibenden Hilfen des Reiters. Es handelt sich hierbei um Ungehorsam aus Angst. Die Lösung liegt dann darin, die Wahrnehmung des Pferdes zu schulen.

In Irland werden die Jagdpferde zwischen zwei bis drei Longen an den schweren Gräben geschult, ohne Sattel und Reiter fühlen sie sich sicherer. Mit ausgelegten Plastikplanen können Sie

*Über einen guten Ausbildungsweg entwickelte Pferde springen gern.
Foto:
Pro Photo Delmenhorst*

auch Glitzer am Boden simulieren und das Pferd mit Führpositionen aus der Tellington-Methode oder dem Westernreiten unterstützen. Wichtig dabei ist, daß das Pferd einen Lernvorgang durchläuft, der gut ausgeht.

3. Scheuen beim Springen

Bei den meisten Pferden und Reitern stellt sich Unruhe und Aufregung ein, wenn Sprünge aufgebaut werden oder schon Hindernisse auf einer Wiese oder einem Feld stehen.

Hier liegt ein Trainingsfehler bei Pferd und Reiter vor. An dieser Stelle schon können Sie Ursachenforschung betreiben. Haben Sie Angst vor dem Fallen? Haben Sie Angst, die Kontrolle über Ihr Pferd zu verlieren, weil es seitlich ausbricht oder immer schneller wird? Ist Ihnen das Springen generell zu verwegen? Haben Sie Angst, daß sich Ihr Pferd verletzt? Hat Ihr Pferd Angst, sich zu verletzen? Hat Ihr Pferd Angst, weil Sie so aufgeregt sind? Arbeiten Sie an Ihrer mentalen Ruhe.

Ihre seelisch/geistige Einstellung vor dem Springen färbt auf Ihr Pferd ab. Überprüfen Sie Ihren Kenntnisstand, Ihr Know-how zum Springen. Meiner Erfahrung nach kommen die meisten Menschen beim Springen völlig blind und ahnungslos in einen Zustand der Überforderung, während gleichzeitig meine sechs- bis 14jährigen Ponykinder fröhlich, geschickt und informiert springen.

a) Kennen Sie die Fähigkeit zur Höhen- und Tiefeneinschätzung bei Ihrem Pferd? Halten Sie ihm dafür auf mehreren Ebenen eine Stange oder einen anderen Gegenstand vor und schauen Sie sich an, wie gelassen es darauf eingeht und darüber oder darunter hertritt.

b) Kann Ihr Pferd die Breite eines Raumes abschätzen - also die Abstände? Lassen Sie es zwischen zwei Stangen hindurchgehen und variieren Sie den Abstand und die Höhen. Betrachten Sie die Übung als gelernt, wenn das Pferd sicher atmet und überall hinläuft.

c) Kennt Ihr Pferd viele Gegenstände in Textur und Farbe? Ist Ihr alltägliches Trainingsgelände also abwechslungsreich und lebhaft gestaltet?

Meine Reiterkinder springen über einen Reifenstapel, über Riesenplüschtiere vom Jahrmarkt bzw. Sperrmüll und über Gartenfackeln. Über einen aufgespannten Regenschirm, über Schubkarren, über Schaukelpferde und über eine in der Hand gehaltene Schnur. Natürlich gibt es auch Ständer und Stangen, aber eben nicht nur. In den meisten Reitställen wird der Turnierplatz einschließlich Parcours sorgfältig gepflegt und geschont.

In der Springstunde werden die Pferde dann völlig von der artikelreichen, bunten Umgebung überrascht. Die meisten Mitreiter werden nervös, wenn man im Trainingsalltag versucht, einen Spiele- oder Geschicklichkeitsparcours aufzubauen. Sie denken, daß ihre Pferde schon vom Hinsehen scheuen werden, und meist tritt das dann auch erst einmal ein. Zur Entwicklung von Umgebungssicherheit und Raumgefühl mit

Höhen-Tiefenabschätzung sollten alle Pferde auch eine abwechslungsreiche Umgebung zu sehen bekommen. Außerdem können sie nur so die Erfahrung machen, daß die Gegenstände sie nicht anspringen. Meine Fohlen kommen mit zum Arbeitsplatz, solange sie sich dort gut benehmen. Sie beschäftigen sich mit der Raumaufteilung und den Gegenständen, beriechen und taxieren sie. Manch einer springt - „aus Versehen" - gleich mit. Als Jungpferde von zwei bis drei Jahren kommen sie wieder und werden mit dem Geschicklichkeitsparcours an der Hand vertraut gemacht. Sie brauchen ihr Springtalent erst zu entfalten, nachdem die Raumorientierung geschult und geprüft ist. Das schafft ein sicheres Gefühl - für das Pferd und für den Reiter. Ich werde des öfteren mit der Vorhaltung konfrontiert, das sei kein korrekter Ausbildungsweg!

Nach den Nachkriegsrichtlinien konventioneller Lehren ist diese Methode vielleicht nicht korrekt. Aber intelligent. Und es funktioniert! Ich koppele meinen Denkapparat und mein körperliches Vermögen an den Denkapparat und das körperliche Vermögen der Pferde.

Die Botschaften überbringen das Nervensystem und das Gehirn für ein beiderseitiges Lernen. Scheuen als Ausdruck von Reflexen und Angst wird dadurch erheblich reduziert.

d) Bei der Arbeit mit schreckauslösenden Gegenständen in der Angst-Mut-Thematik und im Bereich der Geschicklichkeit baue ich eine Kommunikations- und Beobachtungsreihe zwischen mir und dem Pferd auf. Solcherart Körperkontrolle und Beweglichkeit ist für Sie erlernbar. Achten Sie darauf, diese differenzierte Kommunikation in Ihr Reiten einzubeziehen. So vermindern Sie ein Scheuen aus Angst vor dem Reiter.

e) Impulse für den Reiter beim Springen könnten sein: Nicht stören, rhythmisch reiten, unterstützend denken! In der Realität wird das Pferd oft übersteuert, zu forsch oder energetisch oder zu verhalten geritten bzw. aus dem Takt gebracht.

Häufig ist der mentale Ausdruck des Reiters sauer oder besorgt. Würden Sie als Pferd da nicht auch ausbrechen oder scheuen? Seinen Springsitz und seine Grundgelassenheit sollte der Reiter (und das Pferd) an kleinsten Sprungabfolgen festigen. Auch 80 oder 120 Zentimeter sind hoch, wenn die Grunddynamik des Springens nicht im Reiter drinsitzt.

Das Ideal Ihres Springsitzes können Sie im Halten, Schritt und Trab an den Grad Ihres freien Körpers allmählich anpassen. Dementsprechend kurz werden Ihre Bügel oder Zügel dann sein, damit Sie weiteratmen können und keine Rückenschmerzen bekommen, während Sie in der Bewegung sind und nicht hinter oder vor der Bewegung.

f) Wenn Ihr Pferd beim Springen durch Scheuen oder Ausbrechen verweigert, müssen Sie auch immer in Betracht ziehen, daß es in der Landephase im Vorderhuf oder bei der großen Streckung und Wölbung im Rücken Schmerzen erfährt und daher nicht mitmacht. Vielleicht befindet es sich noch in Wachstumsprozessen, wahrscheinlich schon eher im Verschleiß. Reiten Sie es auf Gleichgewicht, Elastizität und Deh-

nung, und springen Sie nur, wenn Sie eine Verbesserung dieser Qualitätsmerkmale belastbarer und freier Bewegung erreicht haben.

4. Scheuen aus Irrationalität

Pferde, die irrational handeln, nennen wir solche, die eine gewohnte und vertraute Situation urplötzlich so behandeln, als wären sie nie damit in Berührung gekommen.

Aus nichtigem Anlaß, z. B. ein vorfahrendes Auto oder eine klappernde Futtertonne, brechen sie in dramatischer Weise aus und können und mögen sich nicht mehr beruhigen. Aus den Überlieferungen der Indianer und Zigeuner ist bekannt, daß viele solcher Pferde zwei Wirbel auf der Stirn haben, nebeneinander oder übereinandergesetzt.

Oft haben irrational handelnde Pferde auch zwischen den Augen eine Wölbung auf der Stirn bzw. einen Hügel. Es ist zu vermuten, daß diese Knochenwölbung die Augenwahrnehmung beeinträchtigt oder sich sogar durch Spannungen im Pferdekopf entwickelt hat. Außerdem gibt es z. B. bei den arabischen Pferde einige Züchter, die aus Liebhaberei gerade solche Pferde für die Zucht selektiert haben. Aus meiner Sicht sind das Schwächemerkmale, die das Pferd durch anderweitige sehr gute Gleichgewichtspoints selber ausgleichen sollte.

Damit meine ich z.B ein gutes Fundament, einen gut angesetzten Hals und einen sich stetig entwickelnden guten Augenausdruck. Ein irrational handelndes Pferd braucht einen gelassenen sitzfesten Reiter und einen längeren gründlicheren Ausbildungsweg, da es oft langsamer lernt.

*Viele Pferde finden im Gespann ihre Balance.
Foto:
Archiv von der Sode*

5. Scheuen an fremden Plätzen

Manche Pferde vermitteln ihren Besitzern nicht das sichere Gefühl, jederzeit an Veranstaltungen teilnehmen zu können. Sie scheuen an jeder Ecke, verweigern den Einritt und verhalten sich allgemein hysterisch. Wenn es sich hier nicht um den irrationalen Typus handelt, liegt ein Ausbildungsfehler vor, der behebbar ist.

Die meisten Pferde haben, wie schon beschrieben, zu Hause zuwenig „guten Streß", Anregung und Trainingsanreize. Hängerfahren und Verreisen verbinden sie mit einem Besuch in der Tierklinik oder einer anderen Überforderungssituation.

Tatsächlich ist es so, daß Pferde Veranstaltungen lieben. Sie haben ja ansonsten keinen existentiellen Streß, da der Überlebenskampf der Wildpferde sie ja gar nicht mehr betrifft. Im besten Fall kümmert sich der Reiter eines Turnierpferdes intensiver und legt einen durchdachten Trainingsaufbau vor. Schwierig ist es mit den Pferden, die durch häufigen Verkauf und damit verbundenen Orts- und Besitzerwechsel ihren Halt verloren haben und innerlich durch diese Traumatisierung zum Hasenfuß geworden sind.

Solche Pferde sollten aus den Möglichkeiten der Homöopathie und Bachblüten unterstützt werden, damit sie ihren Kummer bearbeiten und ihre Angst abschieben können. Alle anderen Pferde brauchen einfach nur eine graduelle Gewöhnung an das Trainieren an anderen Orten. Machen Sie doch Kurzausflüge mit Ihrem Pferd: in andere Reithallen, ans Meer, auf eine Trainingsrennbahn, in ein schönes Ausreitgelände.

Ein gelassener Reiter mit einem entspannten Besitzer dahinter kann auch die Veranstaltung selber als Trainings-

*Dumm wie ein Esel? Stur wie ein Esel? Faul wie ein Esel?
Weniger furchtsam und deutlicher als ein Pferd fragt ein Esel nach Kommunikation.
Foto: Archiv von der Sode*

situation verstehen. Dabei sein ist alles, Fehler und Schwächen sind erlaubt. Ein Ehrgeiz besteht allein zwischen Pferd und Reiter - das Beste zu geben und die gemeinsamen Möglichkeiten auszureizen. Oft genug ist der Reiter selber ziemlich „grün" im Gesicht, wenn er zu Veranstaltungen fährt. Diese Nervosität überträgt sich auf die meisten Pferde. Sinnvoll wäre es hier, die latente „Prüfungsangst" des Reiters zu bearbeiten. Bei meinen Ponyclubkindern unterstütze ich also mit Lob nicht unbedingt die persönliche Bestleistung, sondern die Konzentration und wesenhafte Sammlung, gepaart mit der Heiterkeit, mit der sie in die Streßsituation hineingehen. Prüfungsangst verbreitende, Streß auslösende Eltern bekommen die „gelbe Karte"!

6. Scheuen vor anderen Pferden

Pferde, die vor ihren Artgenossen scheuen oder ihnen nicht entgegenlaufen können, haben ihre Erfahrung gemacht und ihre Gründe dafür.

Trotzdem ist diese Haltung beim ausgebildeten Pferd extrem unpraktisch und sehr schwer auszuräumen. Beim Jungpferd im ersten Anreiten ist diese Unsicherheit normal und vergeht nach einigen Trainingswochen.

Wenn ein Pferd vor anderen Pferden scheut, sollten Sie, wie schon beim „Schläger" beschrieben, die Haltung überprüfen. Braucht das Pferd einen gesicherten Rang in seiner Gruppe oder sollte es von Boxenstallhaltung auf Offenstall umgestellt werden? Bringen Sie es mit Körperseilen und Massagen dazu, sein Selbstbild neu aufzubauen und in seinem körperlichen Raum wieder zu wohnen und nicht neben sich zu stehen. Halten Sie es gesichert an den Reiterhilfen Sitz, Einwirkung, mentale Unterstützung. Achten Sie auf Einhaltung von Verkehrsregeln und Horsemanship bei den anderen Reitern. Das junge oder unsichere Pferd sollte Vorfahrt haben, genau wie der unsichere Reiter.

7. Vorbeugen beim Scheuen

a) Interessanterweise setzen einige Reiter ihre Pferde frontal erneut in eine Situation hinein, in der sie vorher mit dem scheuenden Pferd nicht weitergekommen sind.

b) Andere wiederum ahnen für das Pferd einen angstauslösenden Gegenstand voraus und wollen gleich davon wegdrehen oder nicht dahin reiten, während ihr Pferd gar keine Anzeichen zum Scheuen gibt. In beiden Fällen liegt ein Denkfehler beim Reiter vor.

Zu a) :
Behalten Sie Ihr Pferd an Sitz und Einwirkung und kitzeln Sie diesen Gehorsam in gesichertem Areal und im Grenzbereich zur vermeintlichen „Gefahr" heraus. Provozieren Sie das Pferd also, aber nur in dem Raum, in dem Sie die Lage auch meistern können. Das Pferd gewinnt dann eine neue Vertrauensbasis zu Ihnen und Ihrer Dominanz.

Zu b) :
Denken Sie beim Reiten zwar bitte vorausschauend, aber vom Pferd aus gesehen und nicht aus Ihrer Sicht. Das Pferd gibt Ihnen Anzeichen dafür, ob es einen Gegenstand oder eine Situation vermeiden möchte und scheut. Es

spitzt z. B. die Ohren stramm nach vorn und wird starr im Körper. Zur Fluchthaltung hin drückt es den Rücken durch und hebt das Genick nach oben und hinten. In seinen Augen fixiert es starr. Die Atmung wird verflacht, teilweise angehalten, oder es schnorchelt aufgeregt durch die Nüstern, die es groß aufbläht. Im Bewegungsablauf verliert es seinen Rhythmus und seine Elastizität.

All diese Zeichen von Aufregung gehen dem Scheuen häufig voraus. Arbeiten Sie das Pferd also in der Vorbereitung und beim Reiten mit der Aufmerksamkeit auf die Atmung, Elastizität und Dehnung. Diese Bedingungen für gute Kraft und gute Spannung brauchen viel mehr Zeit im Trainingsplan, als ihnen gemeinhin eingeräumt wird. Entwickeln Sie Ihr Pferd durch Körperarbeit, Bodenarbeit, Spaziergänge und Longiertraining zu seinem klügsten und wesensstärksten Maß. Dies wird je nach Talent des Pferdes unterschiedlich lang dauern.

An unserem Eselchen habe ich gesehen, wie blitzschnell es lernt, wie clever es seinen Vorteil nutzt und daß die Pferde wirklich dazu neigen, sich das Leben schwer zu machen. Sie sind Fluchttiere und sie brauchen Zeit, die Dinge zu beriechen, da sie dieser Information mehr trauen als dem Sehen.

Für das Hinsehen brauchen sie eine geduldige Schule im komplex ausgestalteten Raum, damit sie in unserem Sinne die Dinge betrachten, also entsprechend den Anforderungen, die wir an sie stellen. Pferde wollen seitlich an angstauslösenden Dingen vorbeigearbeitet werden und nicht frontal hinein. Sie schauen und schielen trotzdem hin. Pferde wollen Ihre vortreibenden und

Dieses Springen wurde gewonnen, d.h. „Robby" macht mit!
Foto: S. Conen/A. Richter

seitwärtstreibenden Hilfen durch die aufkommende Angststarre hindurch spüren. Setzen Sie also durchaus Gerte und Sporen ein. Bleiben Sie dabei mental ruhig, ignorieren Sie selber den angstauslösenden Gegenstand und setzen Sie ein gelassenes Führpferd ein. Wenn ein Pferd wegspringt, stehenbleibt und zu dem Problem hinschaut, ist das ein gutes Zeichen.

Seien Sie zustimmend, verständnisvoll und freundlich. Setzen Sie jedoch nach zwei Minuten Ihr Training fort. Denken Sie vorausschauend im Sinne des Pferdes und natürlich auch zu Ihrer eigenen Sicherheit. Fixieren Sie jedoch weder den Gegenstand noch das Pferd in seinen Augen. Damit vergrößern Sie das Problem. Arbeiten Sie körper- und kommunikationsbewußt.

SCHLUSSWORT

Einige Aspekte möchte ich für Sie entwirren. Ausweichmöglichkeiten, bei denen „der Gaul nicht mitmacht"!

Es gibt noch mehr Gelegenheiten für ein Pferd, sich zu drücken oder zu entziehen, z. B. das sogenannte Faul- oder Stursein, das Kleben oder sogar An-die-Wand-Drücken seines Besitzers. Eine Lösungsmöglichkeit liegt fast immer in der differenzierten Betrachtung des auffälligen Verhaltens aufgrund einer Beobachtungsreihe, die mit körperlichem und seelischem Gleichgewicht zu tun hat.

Zusätzlich sei ein Perspektivenwechsel erlaubt. Vielleicht sind aus der Sicht des Pferdes ja wir diejenigen, die nicht mitmachen. Wenn es sich um ein typisches Einpersonenpferd handelt - ehrgeizig, anspruchsvoll und mit wenig Humor ausgestattet - sind Sie dann auch der passende Partner, für den das Pferd alles geben würde?

Oder Sie haben ein hochbegabtes, qietschlauniges, athletisches Pferd oder Pony auf der Weide. Bei Ihnen benimmt es sich aufdringlich, anstrengend im Umgang, angstauslösend. Dann wird es im Sport eingesetzt und gilt als extrem artig, gutwillig und zuverlässig leistungsbereit. Ist es dann ein anderes Pferd, oder haben Sie nur nicht die Bedingungen schaffen können, die es für sein Gleichgewicht braucht? Wie gehen Sie mit Krankheit und Schwächen um?

Schaffen Sie zu Hause den Boden, die Bedingungen für Wachstum und Heilung. Der Tierarzt allein kann Ihr Pferd nicht reparieren. Er sollte eingesetzt werde, um dem Energiekreis Besitzer-Pferd aus seinem Repertoire zuzuarbeiten. Nur zu oft wird sein Einsatz von den lebendigen Prozessen abgespalten. Der Besitzer wendet sich ab, die Rechnungen wachsen ins Astronomische, und das Pferd verliert die Hoffnung und kann somit seine Selbstheilungsprozesse nicht aktivieren. Das Pferd ist und bleibt, realistisch betrachtet, eine Handelsware.

Trotzdem haben viele Profis irgendwo ein uraltes Pferd, dem sie sich so dankbar verbunden fühlen, daß sie ihm ein geschütztes Altenteil gewähren. Was ist mit all den anderen Pferden? Haben Sie als Reitschüler oder hat Ihr Kind gelernt, Verkauf, Abschied und Ruhestand in Eigenverantwortung zu durchdenken? Müssen Sie das überhaupt vom Reitlehrer lernen?

Vielleicht betrachtet Sie Ihr Pferd die ganze Zeit stirnrunzelnd und kopfschüttelnd, während Sie versuchen, Paraden durchzubringen oder richtig anzugaloppieren. Wenn Sie ohne Lehrer lernen, sollten Sie es dennoch nicht ohne Reitlehre tun.

Das kleine ABC des Reitens ist im Laufe ca. eines Jahres leicht zu lernen, wenn Sie drei- bis viermal wöchentlich reiten.

Dabei sollten Sie sich darauf beschränken, sich auf dem Pferd einzufühlen und anzupassen, ruhig und deutlich Ihre Hilfen für ein Geradeaus, eine Wendung, ein Voran und das Anhalten, durchzubringen.

Das Reiten sollten Ihnen und dem Pferd vor allen Dingen Spaß machen. Wenn Sie die sogenannte Reitkunst mit sich und Ihrem Pferd entfalten möchten, sind Sie in einem Lernvorgang, der 10 bis 100 Jahre Ihres Lebens in Anspruch nimmt.

Was bei Ihnen und Ihrem Pferd dann klassisches Reiten ist, gehoben, sportlich, athletisch, definiert sich aus dem Energiekreis zwischen Ihnen und Ihrem Pferd, der den gemeinsamen körperlichen und seelischen Haushalt umfaßt. Suchen Sie sich Reitmeister, die Sie unterstützen, entfremden Sie sich jedoch nicht von dem Zwiegespräch mit Ihrem Pferd und von seinem Mittun. Und bedenken Sie, auch hier geht es vor allem um Freude.

Marie-Luise v.d. Sode leitet das **INTERNATIONALE INSTITUT FÜR AUSBILDUNG 'FELDENKRAIS UND REITEN'.**

Sie ist Reitlehrerin und Feldenkraislehrerin aus den Schulen von Sally Swift, Linda Tellington-Jones und Mia Segal.

Sie können Kursunterlagen über folgende Kurse abfordern:

Feldenkraus und Reiten

Feldenkrais und Springen
· zur Verbesserung und Klärung von Sitz und Einwirkung. Trainingsaufbau durch das Balancekonzept und Anatomie beim Reiten.

Körper- und Bodenarbeit
· für Problempferde, Jungpferde und andere zur Überprüfung und Verbesserung des Körper- und Raumgefühls.

Fahren vom Boden und Longenarbeit
· für Freilonge, klassische Longe und Doppellonge

Centered riding nach sally swift
· zur Visualisierung und Losgelassenheit zu Pferde mit den Techniken der Alexanderlehre.

Felenkrais ATM
· Gruppenarbeit im Raum für den Reiter, seine Freunde und seine Familie

Alle Kurse können auch bei Ihnen abgehalten werden.

Weitere Informationen bei:
Marie-Luise v. d. Sode
Rawisch 4
D-21493 Klein Schretstaken
Tel. 04156 7394
Fax 04156 8380

BÜCHER ZUM THEMA
GESUNDHEIT

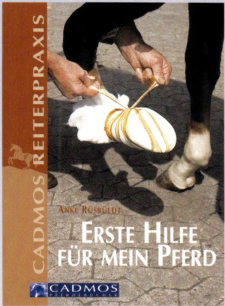

Anke Rüsbüldt
Erste Hilfe für mein Pferd
Was tun bei Verletzungen?
Erste Hilfe beim Pferd sollte zum Grundwissen eines jeden Reiters gehören. Fachtierärztin für Pferde, Anke Rüsbüldt, gibt wichtige Tipps, was im Notfall zu tun ist und wie die Zeit bis der Tierarzt kommt, überbrückt werden kann.

Broschiert, 96 Seiten, farbig
ISBN 3-86127-518-x

Angelika Schmelzer
Pferdefütterung – leicht gemacht
Die einfache Anleitung für alle, die es genau wissen wollen: Alles über Futterbedürfnisse, Futtermenge und -inhalte

Broschiert, 96 Seiten, farbig
ISBN 3-86127-514-7

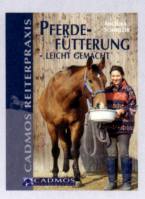

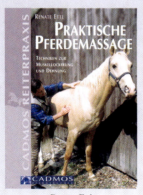

Renate Ettl
Praktische Pferdemassage

Techniken zur Muskellockerung und Dehnung

Broschiert, 96 Seiten, farbig
ISBN 3-86127-519-8

Chris Olson
Muskelverspannungen bei Pferden lösen

Druckpunktsystem und Beziehungstraining

Broschiert, 112 Seiten, farbig
ISBN 3-86127-520-1

Burkhard Rau
Gute Arbeit am Huf

So erkennt man einen guten Hufschmied oder Hufpfleger

Broschiert, 96 Seiten, farbig
ISBN 3-86127-525-2

Prospekt anfordern bei:
Cadmos Verlag GmbH · Lüner Rennbahn 14 · D-21339 Lüneburg
Tel. 04131/9835 150   Fax.04131/9835 155
www.cadmos.de

WEITERE BÜCHER
AUS DER REITERPRAXIS-REIHE

Erika Bruhns
Mit Pferden spielen

broschiert, 96 Seiten, farbig
ISBN 3-86127-513-9

Renate Ettl
Praktische Pferdemassage

Techniken zur Muskellockerung und Dehnung

broschiert, 96 Seiten, farbig
ISBN 3-86127-519-8

Clasissa L. Busch
Die Hilfengebung des Reiters

Grundbegriffe der harmonischen Verständigung zwischen Reiter und Pferd

Broschiert, 96 Seiten, farbig
ISBN 3-86127-517-1

Marie-Luise v.d. Sode
Was mein Pferd mir sagen will

Pferde besser verstehen

Broschiert, 96 Seiten, farbig
ISBN 3-86127-516-3

Angelika Schmelzer
Altes Reiterwissen - neu entdeckt

Die Werke der alten Reitmeister sind eine Fundgrube für Reiter von heute. Ihre Ansichten sind oft erstaunlich modern.

Broschiert, 96 Seiten, farbig
ISBN 3-86127-510-4

Marie-Luise von der Sode
Der Gaul macht nicht mit

Die Autorin gibt im Frage/ Antwort-System Lösungsansätze.

Broschiert, 80 Seiten, farbig
ISBN 3-86127-505-8

Prospekt anfordern bei:
Cadmos Verlag GmbH · Lüner Rennbahn 14 · D-21339 Lüneburg
Tel. 04131-981666 · Fax 04131-981668

Besuchen Sie uns im Internet unter www.cadmos.de